大樂文化

20年首席投資顧問 陳培樹◎著

140張圖學會
〔分時K線〕
短線暴賺

追漲強勢股 × 參與題材龍頭股 × 補漲股啟動時買入
× 短期大漲 30% 賣出

U0079610

CONTENTS
目錄

CONTENTS
目錄

CONTENTS
目錄

第 9 章

建立自己的分時交易規則，提升短線操作勝算 *237*

前言

還在抱股等獲利？
分時 K 線幫你利用多空交鋒炒飆股

　　股票交易的核心是什麼？一筆交易的勝算是多大？投資人應該選擇長期持有，還是短線操作？隨著股市交易制度不斷完善，我們如何精進技術分析的功力？

　　股票交易看似「買、賣」兩個簡單動作，但想要從股市中獲取穩定、甚至高額的獲利，絕不容易。然而，炒股並非只是拚運氣，如果我們能理解股市交易的實質，看懂股價走勢的軌跡，便能提高成功率，實現穩定獲利。

　　炒股的投資報酬率遠高於其他的理財商品，風險也在交易能力的控制範圍內。我們提升交易能力之後，就可以展開「以較低風險搏取較大利潤」的交易。

　　那麼，如何提升交易能力呢？股市的走向充滿變數，個股的表現更是讓人眼花撩亂，有的股票任性上漲，有的則一路狂跌。怎麼把握機會、規避風險呢？

　　這需要投資人不斷學習。在所有的技術分析當中，分時圖（大盤與個股的動態即時分時走勢圖）的重要性不亞於量價分析。另外，從短線與超短線交易的角度來看，分時圖更是不可替代。

　　技術分析的方法多種多樣，例如：量價分析、K線分析、主力行為分析、籌碼形態分析等。它們側重於不同的市場訊息，各有特點，實用性也較強。但是，在預測股價的短期波動上，特別是預測最近幾天的股價走勢，上述分析方法的靈敏度往往不足，在面對快速波動時，常顯得力不從心，而這正是分時圖的強項。

　　分時圖展現多空力量的盤中即時轉變，一旦解讀出其中的市場涵義，就能準確預測次日和隨後幾天的行情，因此分時圖堪稱超短線交易的利器。

　　學習分時圖是為了短線交易，特別是超短線交易。也許有人認為，選擇中長線持股，可以省心省力，又能享受獲利，但實際情況往往並非如此。

7

　　回顧股市長年的運行軌跡，大多數股票隨著指數波動起起落落，最終不容易實現穩定上漲。雖然有些黑馬股因為業績穩定增長，而跨越大盤牛熊交替的格局，但它們在幾千支股票當中畢竟只是極少數，我們買中的機率是小之又小。因此，在股市的起落中，如果不選擇波段操作、短線交易，很難從股市獲利，甚至可能出現虧損，正如同人們常說的「炒股者七虧、兩賺、一平」。

　　本書基於股市運行規律，以短線交易為核心，用分時圖作為技術分析手段，透過形態各異、特徵鮮明的分時圖，呈現多空雙方的交鋒情況與力量轉換，幫助讀者在看似變幻莫測、實則有規律可循的股市裡，把握交易時機，提高成功率，建構穩健的股票投資獲利模式。

第 1 章

做短線前，你必備的
分時 K 線基礎知識

1-1

從集合競價時的 2 種變化，推測個股開盤後的走勢

　　分時圖呈現多空雙方即時交鋒的過程，投資人必須了解和關注多種盤勢資訊。其中，最關鍵的是分時線，反映股價的即時走勢，還有分時量、均價線、委託單成交細節、個股分時圖與大盤分時圖等。這些都是在進行實際投資之前，必須學習的重點知識。

　　集合競價是指在當天開盤交易前，投資人基於個股的前一個交易日收盤價和當天預期走勢，進行申報買進或賣出的行為。在集合競價期間，投資人可以申報買賣，確立當天的開盤價，而即時行情則即時揭示集合競價的參考價格。

　　接下來，本書以上海證券交易所、深圳證券交易所（簡稱滬深證交所）為例，進行說明。（編按：目前，台灣證券交易所在盤中時段〔9:00～13:25〕實施逐筆交易，在開盤、收盤時段仍維持集合競價方式。世界各地，證券交易所的制度與規則不盡相同，詳情請查詢各證交所的公告資訊。）

1-1-1 掛單、撤單與確立開盤價的機制

可撤單的時段（9:20 之前）

　　在9:20之前，買賣申報可以自由撤銷，因此這個時段的集合競價往往極不準確。如果個股在沒有消息面、題材面配合的情況下，競價大幅偏離前一個交易日收盤價，投資人不必過度緊張，因為在9:20之後就會被修正。

不可撤單的時段（9:20 ～ 9:30）

對於滬深A股來說，每個交易日開盤前9:20～9:30，可以進行申報，但不可以撤銷申報。至9:25集合競價結束，滬深證交所的電腦主機會以每檔股票最大成交量的價格，來確定個股的開盤價格。9:25這一刻，投資人就可以看到當天的開盤價和集合競價撮合成交的數量。

確立開盤價

每個交易日的開盤9:15～9:25為集合競價時段。在這段時間裡，輸入電腦的所有價格都是平等的，不需按照時間優先和價格優先的原則交易，而是按最大成交量的原則，定出股票當天開盤價。

 1-1-2 密切注意賣單或買單變化

關注 9:20 ～ 9:25 這個時段

9:20之後，由於無法撤銷申報，這時的買賣申報更真實。建議密切關注這個時段（9:20～9:25）的買單或賣單變化，特別是關注近期股價波動較大，或有消息公佈的個股。因為在集合競價時段，或許就要做出短線投資的決策。

如果發現集合競價的價格在一點點上升，且委買單較大，則個股開盤後直接衝高的機率更大。相反地，如果集合競價的價格在一點點下降，且委賣單較大，則個股開盤後直接下壓的機率更大。

9:25 ～ 9:30 可以酌情掛單

到了9:25，可以看到開盤價和成交量，以及委買盤、委賣盤的掛單情況，投資人可以結合個股走勢、消息面等因素，決定是否在9:30前即申報買賣。因為9:30開盤後的股價變化非常快，如果個股大幅開高，很可能一開盤就上衝至漲停板，晚一步就錯失追漲時機。投資人必須預判個股開盤後的走勢，才可以在這個時段提前掛單買賣。

⌛ 1-1-3 還沒成交的單，系統將繼續撮合

　　集合競價產生開盤價，接著股市開始連續買賣的階段，因此有了連續競價。集合競價中，沒有成交的買賣指令繼續有效，自動進入連續競價等待合適的價位。此時，投資人還在不斷地將各種有效買賣指令，輸入到證交所的系統，而系統也不斷地將各種有效買賣指令，進行連續競價撮合成交。

知識加油站

　　從集合競價時的股價和委託單變化，可以推測個股開盤後的走勢，特別是股價短期波動較大時，集合競價的變化能夠展現主力的操盤動向。

　　但在股價近期波動較小、無明顯利多或利空消息的前提下，若集合競價使得股價明確開高、有大買單出現，或者股價明顯開低、有大賣單出現，這時不必急著判斷，應觀察開盤後的走勢再做決定，因為此時的集合競價變化往往是暫時的，其強弱表現無法延續到開盤之後。

1-2

分時圖有 2 種基本類型，
分為個股和大盤

　　分時圖共有2種，一種是個股分時圖，另一種是大盤分時圖。在個股分時圖中，需要注意分時線、分時量、均價線、委託單、成交細節，並正確解讀分析，才能掌握個股走勢和當天盤中強弱情況。

1-2-1 確認委託掛單的情況

　　在股票看盤軟體中，在交易時段打開個股的日K線圖或分時圖視窗，可以看到「委買、委賣」，也就是「買盤、賣盤」資訊，反映投資人委買、委賣掛單情況。

買盤、賣盤相關資訊

　　如表1-1，委買、委賣窗口中，委買、委賣視窗各有5檔價位資訊，每個價位後的數位為此價位處的委託買進的總數量。

　　例如，在買①處為「4.79」，代表當前這個時刻，在4.79元價位處共有114筆的委託買單（已委託申報買進但仍未成交），隨著交易進行，買賣單的價格和數量都會即時變化。

大買單或大賣單

　　如果某個價位或某幾個價位的委買單數量，遠遠多於此時的委賣單，稱作大買單。相反的情況，則稱作大賣單。

　　大買單與大賣單往往是主力為維繫股價，特意掛出來的。大賣單讓人覺

表 1-1 ▶ 委買、委賣盤窗口

金隅股份 601992

委比	-56.67%	-43779
賣①	4.84	18221
賣②	4.83	9736
賣③	4.82	13963
賣④	4.81	9742
賣⑤	4.80	8855
買①	4.79	114
買②	4.78	6118
買③	4.77	2584
買④	4.76	2532
買⑤	4.75	5389

表 1-2 ▶ 二三四五 2017年2月6日

300		二三四五 2017/02/06	
	5	10.11	110
賣	4	10.10	706
	3	10.09	181
盤	2	10.08	496
	1	10.07	222813
	1	10.06	2038
買	2	10.05	996
	3	10.04	224
盤	4	10.03	263
	5	10.02	257

表 1-3 ▶ 二三四五 2017年2月7日

300		二三四五 2017/02/07	
	5	10.04	166
賣	4	10.03	180
	3	10.02	170
盤	2	10.01	1843
	1	10.00	193212
	1	9.99	910
買	2	9.98	499
	3	9.97	463
盤	4	9.96	905
	5	9.95	1034

得個股賣壓沉重、難以上漲，大買單則讓人覺得買氣大、難以下跌。但這只是表象，在實際盤勢中，我們往往要跳脫這種直觀的感覺。

圖 1-1 ▶ 二三四五 2017 年 1 月至 3 月走勢圖

案例分析

　　表1-2和表1-3分別為二三四五在2017年2月6日、2017年2月7日收盤時的掛單情況。這2天股價振幅較小、走勢平穩，盤中的掛單情況也算正常，但在收盤時出現明顯異常，賣1的數量遠遠多於買盤。我們直觀的感覺是賣壓太重，未來走勢是易跌難漲，但實際情況剛好相反。

　　圖1-1顯示該股在2017年2月6日之後的走勢，僅隨大盤做了一波小幅調整，隨即展開獨自上攻走勢，上漲速度與幅度都遠遠強於同期大盤。

大單托底，股價節節跌

　　對於大掛單的資訊，我們有時要從正向，有時則要從反向解讀。分析時，關鍵就是要結合股價所處的位置區間來判斷。

　　當股價累計升幅已經很大或是處在明顯的高價區震盪時，主動性賣盤較多。當開盤後股價震盪下跌，跌到一定幅度時，盤中出現大量的委買盤掛單，一般會在買3、買4位置出現大筆買單，給人一種主力護盤、股價止跌的感覺，但是當股價跌到這個位置時，明顯無力反彈。

　　這種情況一般是主力利用大買單來穩定市場情緒，自己則悄悄出貨。由

於只掛出大買單，再陸續撤掉，並沒有買進意願，造成股價節節下滑。

大單壓頂，啟動前奏

當個股處在底部震盪區間，或是剛從底部啟動上漲，一般來說，個股價值仍相對低估，主力在此價位出貨無利可圖。若這時出現大量的委賣盤掛單，但股價不跌反漲，很可能是主力在壓低吃貨，是主力藉由市場人心不穩、市場做多氣氛仍不充足的情況，來製造恐慌心理，以誘騙投資人交出手中籌碼。

知識加油站

經驗顯示，在盤中掛出大量委託買單，但股價下跌的個股，可說是短期內的弱勢股，大買單不能阻止股價下滑。相反地，在盤中掛出大量委託賣單，但股價上漲的個股，則是短期內的強勢股，大賣單不能阻止股價的上漲。當然，大賣單與大買單的解讀，還需要結合個股中短線所處的區間來分析。

🕰️ 1-2-2 主力的大手筆帶動股價走勢

基本上，影響股價走勢的是主力，散戶只是市場參與者。相對於散戶，主力的買賣方式往往都是大手筆，特別是在買進個股籌碼時。

沒有大單，成交就清淡

在股市中，可以清晰看到個股的走勢特色，有的隨波逐流，有的特立獨行，這就是散戶股與主力股的區別。

如果某檔個股在很長一段時間內，少有大筆成交且大筆成交不具連續性，在走勢上隨著大盤，就很可能由散戶主導，未來行情期望值較低。相反地，若個股頻繁出現大筆成交，雖然在走勢上暫時未露強勢，但可能有主力參與，未來有望脫穎而出。因此，有沒有大筆成交值得我們關注。

低位大單頻繁買，主力買股

在低位區，投資人氣不旺，成交量相對也較小，若經常在盤中出現大買

單掃貨，隨後交易又恢復平靜，雖然這種大單掃貨不具連續性，也沒有明顯推升股價，但卻很有可能是主力買股所致。如果這種盤勢在底部長期震盪時經常出現，則可解讀是主力資金進場的表現。

高位大單頻繁賣，主力出貨

在高位區，個股上漲激發了市場熱度，前期漲幅所帶來的財富效應引起短線投資人的積極關注，此時市場人氣仍然充足。若這時出現大賣單，很有可能是主力在拋售。若頭部區域長時間內經常出現這種狀況，則可解讀是主力資金退場的表現。

高位區大買單掃盤，借機出貨

個股在中短線漲幅較大的位置點，市場人氣旺盛，但此時出現連續大買單掃貨往往並非件好事，因為很有可能是主力自買自賣、借機出貨的手法。

由於主力已有足夠的獲利空間，有出貨需要，但市場走勢暢旺，而且傾向「買漲不買跌」，一些主力就會先掛出大賣單，然後透過大買單將其吞掉，引起投資人跟風。一旦市場出現跟風，主力往往毫不留情大肆出貨。這展現在股價波動上，就是在高位區波動極為活躍，今天強勢漲停，但明天可能大跌，這都是主力為出貨而採用的操盤手法。

舉例來說，當考察大買單能否真正推升股價時，必須關注大買單是否有連續性。如果有連續性，表示實力強，市場行為具有連貫性，個股繼續上漲的機率比較大。相反地，如果只出現幾筆就消失，表示可能只是非主力資金想維繫股價，對股價走勢的影響很小。

知識加油站

實際情況，由於介入某一個股資金非常多，只有實力最強、行動最果斷的主力資金才能引導股價。因此，我們在分析大筆成交時，只有結合個股的前後走勢和當日盤面表現，才能從時間軸上得出更準確的結論。

1-2-3 了解什麼是開盤價與收盤價

開盤價、收盤價、最高價與最低價，是一個交易日最重要的4個價位，

其中開盤價是由集合競價產生的，最高價、最低價則顯示當天投資過程中，個股的最高成交價格和最低成交價格。

開盤有開高、開低、開平

基於當天開盤價與上一個交易日收盤價的比較，可以把開盤情況分為開高、開低、開平3種。

3種不同的開盤情況顯示當天的盤中走勢。例如，開高加上消息面利多，開盤後很可能會直衝漲停，而開低加上消息面利空，則可能是主力資金有意出貨的訊號，開盤後直接下跌的機率大。

在實際操作時，當天開盤價與前一日收盤價的不連續變化，是我們分析的重點。這涉及個股消息面、大盤變化、市場風向、周邊市場影響等多種因素。在之後的章節，將結合具體案例詳細講解。

收盤價主要是看尾盤變化

原則上，在收盤前的半小時內，如果股價沒有大幅波動，收盤價的參考意義並不大。然而尾盤是多空交鋒最激烈的時段，一些主力會在尾盤積極運作，個股有的上漲、有的下跌。尾盤是通往下個交易日的過渡環節，在一定程度上，顯示下個交易日的走勢強弱。因此，在看盤時必須關注尾盤情況。

⏳ 1-2-4 做短線，得觀察均價線與分時線相對位置

透過看盤軟體，輸入股票代碼等就可以看到個股走勢圖。走勢圖有兩種，分別是K線圖和分時圖。

在分時圖中，分時線反映股價的即時走勢，分時線下方一條波動較緩和的曲線則是均價線。圖1-2標示了分時線、均價線和分時量，它們是運用分時圖預判股價走勢的3大要素。

分時線

分時線是分時圖中最主要的部分，以分鐘為單位，即時反映個股盤中股價的波動狀況。因此，分時線代表股價走勢的軌跡。分時線不僅展現多空力

圖 1-2　陝天然氣 2017 年 2 月 13 日的分時圖

量轉化的即時情況，更有揭示主力維繫股價。舉例來說，個股若隨波逐流、跟隨大盤，當天便難有好表現。但是，若分時線上揚，多半是大買單連續進場推動所致，往往與主力運作有關，必須好好盯牢。

均價線

均價線是當天進場投資者的平均持股成本，等於到目前這個時刻為止的當天總成交金額，除以到目前這個時刻為止的當天總成交股數。

在分時圖中，均價線是對分時線的一種平滑處理，去除分時線的偶然波動，讓我們看清股價在當天的走勢。透過均價線與分時線之間的相對位置，可以把握買盤賣盤的力量對比，正確解讀多空力量轉變。

分時量

分時圖下方的線段為分時量，每一根的長短顯示這一分鐘的成交量。將分時線的運行形態，結合分時量的縮放情況，就是盤勢中的量價配合。這是把握當天盤中多空力量對比、股價走勢軌跡的關鍵。

知識加油站

我們看均價線，主要觀察它與分時線的相對位置，均價線不僅有分時均價的特性，還可以對股價走勢發揮支撐或壓力作用，是做短線技術分析的重點。

1-3

為什麼投資既要看個股，也要參考大盤指數？

股票市場是一個整體，個股的走勢雖然具有一定的獨立性，但難以脫離股市整體的影響。我們參與股市交易，不能孤立看待個股，要放在同類股、同類題材股、整個市場等不同的範圍來分析，才能了解與掌握個股的波動和走勢。

1-3-1 主要指數與類股的概念

所謂「指數」是反映某個範圍內全部股票整體走勢的指標。例如，對於在上海證券交易所（簡稱上交所）上市的全部股票來說，有上證綜合指數（簡稱上證指數）來反映這些股票的整體走勢。對於在深圳證券交易所（簡稱深交所）上市的全部股票來說，有深圳成份指數（簡稱深圳成指）來反映這些股票的整體走勢。類股指數反映的，則是某個類股的整體走勢。

大盤指數與上證指數

「大盤」是指整體股市。透過大盤指數，能一目了然看清整體股市情況。在中國股票市場裡，上市公司全都集中在上交所與深交所，兩者是股票發行與交易的集中地。設定指數時，是以交易所為單位。由於上交所的大盤中藍籌股多，上市企業的規模大，上交所全部股票能代表中國股市的整體表現，因此上證指數自然成為展現股市整體狀況的大盤指數。

類股的劃分

所謂類股是指同類個股的集合。舉例來說，有行業類股，例如：銀行類股、通訊類股、機械製造業類股、醫藥類股等。每個類股都有對應的指數，反映相關產業的股市整體狀況。

指數的計算方法

計算指數時，與計算方法和樣本兩個要素有關。一般來說，指數的樣本可以是全部個股，也可以是市場內的部分個股，也就是成份股。

指數的計算方法主要分為兩種，一種是算術平均，另一種是加權平均。所謂算術平均是僅以股票價格為考慮因素，不考慮股本規模，加權平均則是依據個股的股本大小，分別給予不同的權數，讓成分股在指數中占有不同分量。由於加權平均比較科學合理，因此被廣泛使用。

上證指數的計算

上海證券交易所綜合股價指數（簡稱上證指數）採用加權平均法計算，包含上交所中每一支個股，也就是指數的樣本空間為上交所的全部個股，而且在計算時，既考慮股票價格，也考慮股本大小。每一支個股的股本越大，則「權重」越大，對指數的影響力也越大。

⌛ 1-3-2 認識指數分時圖的指標線

使用股票看盤軟體，可以觀察深證指數走勢圖。如圖1-3所示，在上證指數的分時圖上，會看到兩條指標線，一條是上證指數，另一條是上證領先指數。兩者的計算方法不同，其運行軌跡往往不同步，需特別注意。

上證指數與上證領先指數的區別

上證指數採用加權平均法計算，因此股本大的個股影響力較大，更加反映出大盤走勢。相較之下，上證領先指數不加權，與個股的股本大小無關，股價才是最重要，由於中小型股的股價成分較高，因此更能反映出中小型股的走勢。

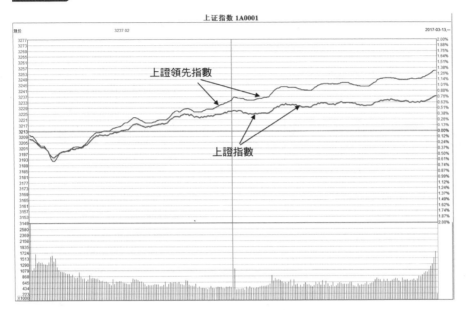

圖 1-3　上證指數分時圖

知識加油站

了解上證指數與上證領先指數的區別很重要，因為可以幫助我們準確掌握市場行情變化。有時候，大盤指數（指上證指數）的漲跌並不明顯，但上證領先指數卻出現大幅震盪。此時就要留意市場的轉變，採取因應策略。

1-3-3 觀察指數波長與漲跌幅的特徵

看指數與看個股有所不同，個股的表現更需注意特定的分時形態，而指數代表市場的整體表現，是一種平均值的概念。為了更準確了解多空力量交鋒情況和對比格局，我們必須了解指數的波長與漲跌幅。

分析波長與漲跌幅

波長是指股價完成一波完整的波段行情所需的時間，漲跌幅是指股價在震盪過程中偏離平均位置的最大距離。在指數分時圖中，可以忽略細微的波動，關注較大波段的漲跌幅，做出因應的判斷。

圖 1-4　　上證指數 2017 年 2 月 8 日的分時圖

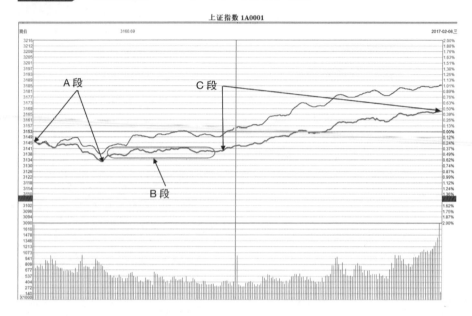

觀察大盤指數分時圖中的波長與漲跌幅，就能更準確了解多空力量整體對比情況。由於這是一個平均值，所以不易受到個別大筆資金進出的影響。從短線來講，可以顯示大盤的近期表現。如果將波長與漲跌幅應用到K線圖上，還可以顯示走勢特徵。

指數的波長、漲跌幅分析方法

如圖1-4，在上證指數2017年2月8日的分時圖中，整個交易日走勢可劃分為A段、B段與C段，其中A段為下跌，B段為整理，C段為上漲。當天的多空情況可以透過對比A段與C段來分析。

A段下跌時間短、幅度小，而C段則從上午持續到收盤，且漲跌幅較大，考慮到B段的中間過渡階段，以及大盤指數近期穩健攀升，將全天3個波段走勢連貫起來，可以這樣理解：早盤開盤後，出現一些獲利了結，導致指數短暫小幅回落，但賣壓不重；經過早盤的站穩、整理之後，多方再度明顯占據主動，這種優勢一直持續到收盤。

綜合分析可知，在圖1-5中，多方仍占據主動，短期內市場可以看漲做

圖 1-5　上證指數 2017 年 2 月 9 日的分時圖

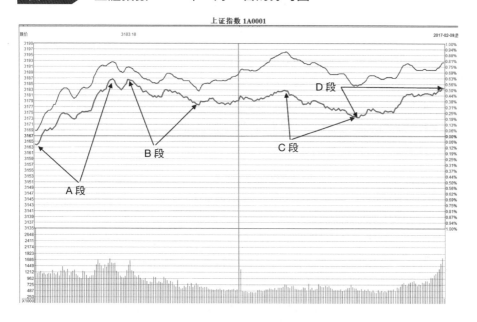

多，短線交易上，大盤風險很低可以買進。

　　圖1-5顯示圖1-4次日的大盤走勢，圖中有4個波段，A段的上漲明顯大於B段的回落，而D段的上漲大於C段的回落。這顯示多方仍占據優勢，短線大盤指數依然看漲。這也印證上個交易日的判斷。

知識加油站

　　（1）將漲跌幅與波長這兩個概念應用到個股時，我們應注意靈活變化。由於交易成本因素的制約，波段操作必須要有一定的獲利空間才行。如果股價上下波動幅度過小，投資人就不宜採取波段操作。

　　（2）利用漲跌幅與波長也可以展開趨勢操作。究竟做中長線好還是短線好，這個爭論由來已久，其實無論何種方式，都建立在主觀意願上，並與現實脫節。投資週期的長短應依據客觀事實，並以市場趨勢為核心。市場波動週期較長，就該做中長線，相反時就該做短線。投資人要適應市場，而不是讓市場適應自己。

⌛ 1-3-4 上證指數與上證領先指數的分化

　　上證指數與上證領先指數不僅在計算上不同，也反映市場不同的特性。上證指數的走勢既是股市整體的表現，也顯示出成份股的平均效果，而上證領先指數則反映中小型股的表現。一般來說，由於成份股與中小型股在走勢上類似，兩者的盤中軌跡較為接近，只是幅度上略有不同。但當股市走勢在關鍵部位時，特別是中短線的高點和低點，若兩者在走勢上出現分化，則很可能顯示市場節奏的轉換。

強弱表現不同步

　　根據上證指數與上證領先指數在盤中的波動幅度，可了解當前的市場格局是大盤成份股為核心，還是中小型股更受青睞。

　　圖1-6為上證指數2017年1月17日的分時圖，如圖中標注，盤中的反彈上漲波段，上證領先指數明顯大於上證指數。說明當前市場的焦點在中小型股，大盤漲勢力道較弱。了解這種市場格局後，短線應以中小型股為首選，避開大盤成份股。

兩種指數方向背離

　　在階段性的高點，特別是指數中短期內漲幅相對較大的位置，隨著獲利個股增多，市場強弱格局很可能出現轉變。此時，應密切關注兩種指數在盤中是否出現分化。

　　當上證指數與上證領先指數走勢出現明顯分化時，若大盤正處在一波漲勢後的高點，或是一波跌勢後的低點，則多是短期內走勢即將反轉的訊號，應做好逢高賣出或逢低買進的準備。

　　所謂的分化有兩種表現，一種是盤中走勢方向的背離，另一種是盤中的相差幅度較大，其中以方向上的背離最準確。

　　如圖1-7，在上證指數2016年11月25日的分時圖中，兩種指數出現方向上的明顯背離，圖中標注的圈圈裡，A上證指數上揚、B上證領先指數下跌，在相同的時段內走勢正好相反。

　　兩種指數的差異不僅顯示隨後的盤中大跌，更顯示隨後的中短線下跌，且跌幅極大，指數幾乎回到了這一波上攻行情的起始點。

圖 1-6　上證指數 2017 年 1 月 17 日的分時圖

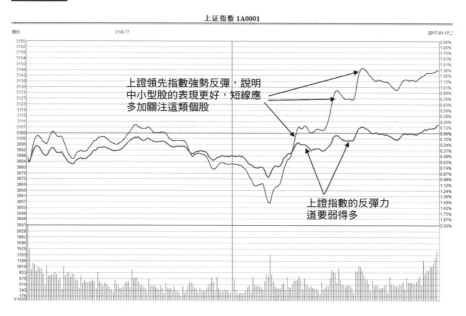

圖 1-7　上證指數 2016 年 11 月 25 日的分時圖

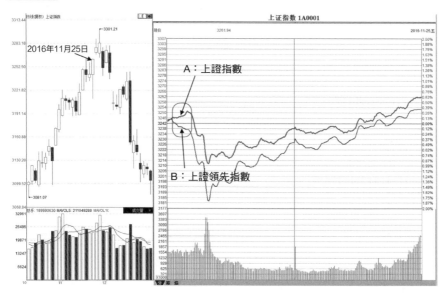

知識加油站

　　當上證指數大漲，而上證領先指數大跌時，投資人很可能誤以為大盤開始發力，股市短期難以下跌。但實際情況往往相反，經常是拉抬成份股、掩護中小型股出貨的訊號，隨後市場未必立刻轉跌。由於此時市場人氣旺盛、機構券商普遍看漲，在狂熱的氛圍中，擔心沒有及時買進的想法處於主導，指數在高點仍會停留幾天，甚至創出短線新高。

　　但是，此時市場很脆弱，隨時有反轉直下的風險，因此投資人一定要注意，在高點位置是否出現指數分化的現象。

1-4

透過分時線與均價線的位置 關係，了解盤中強弱格局

分析個股分時圖，均價線是一個關鍵，而且研判方法具有普遍性，不受分時線的形態影響。實戰中，我們主要結合分時線與均價線的相對位置，來分析市場的強弱。

1-4-1 用分時均線，了解盤中的強弱格局

均價線是多空力量對比的分水嶺，我們可以簡單透過分時線與均價線的相對位置，了解盤中的強弱格局。

若分時線穩健運行於均價線上方，說明買進力量強。相反地，若分時線持續運行於均價線下方，說明賣方力量強。當然，強弱格局可以轉變，也可以加劇，在實戰中，需要結合分時線與均價線相對位置的變化來判斷。

均價線基本運用技巧

分時線運行於均價線上方，且股價穩步上漲，說明均價線對個股上漲有支撐作用，這是買盤力量強且有意上攻的訊號，具有一定的看漲涵義。均價線是多空分水嶺，當分時線持續運行於均價線上方，即使個股出現下跌，隨後走強的機率也較大。

相反地，分時線運行於均價線下方，且股價逐步下跌，是賣壓沉重的訊號，具有一定的看跌涵義。此時，即使個股出現上漲，隨後走弱的機率也較大。出現這種狀況的個股若處在明顯高點，則蘊含一定的風險，宜短線賣出。

從另一個角度來看，均價線對投資人的心理有很大影響。當股價受到均價線壓制難以突破時，短線投資人就會失去耐心，而進行反彈出貨。導致加大個股的賣壓，使其走弱。

知識加油站

除了分時線與均價線的相對位置，可以反映個股強弱之外，兩者之間的距離變化也很重要。如果分時線運行於均價線上方，隨著走勢持續，兩者更加貼近，表示多方力量占據優勢格局不明顯，不宜盲目做多，反之亦然。

1-4-2 分時均線強勢格局

在短線交易中，我們可以將均價線看作是多空的分水嶺。當個股走勢強勁、處在上漲格局中，均價線有支撐助漲的作用。在較為強勢的格局中，分時線應站穩於均價線上方，不貼附均價線，兩者之間留有一定距離，而且隨著交易持續，分時線有再度向上遠離均價線的傾向。

如圖1-8，在視覺中國2017年2月24日的分時圖中，我們將該股當天的走勢劃分為4個時段。

在A段，開盤後多方力量占據優勢，股價運行於均價線上方，但多方發力不明顯，優勢格局不明顯，這也是多方力量蓄勢待發的階段。對於這個階段的解讀，應該從日K線圖著手。該股之前處於小幅攀升、行情上漲波段，因此早盤的A段走勢可看作延續多方力量占據優勢的格局。當股價回落至均價線附近，可以適當短線買進。

在B段，隨後股價衝高走勢明顯，大買單進場積極。這段時間的上漲脫離大盤，有較強的獨立性，值得積極關注。

在C段，盤中運行持續時間最長，股價穩定運行於盤中高點，且始終與均價線保持一定距離，是多方力量較強的重要特徵。這顯示賣壓較輕、主力維繫股價能力較強，個股當天處在強勢格局中，可以積極看漲。

在D段，進入尾盤，因為處在利多氛圍中，個股的賣壓較輕，主力再度拉升個股，走勢進一步強勁，漲幅擴大，最後以接近當天的最高價位收盤。

圖 1-8 視覺中國 2017 年 2 月 24 日的分時圖

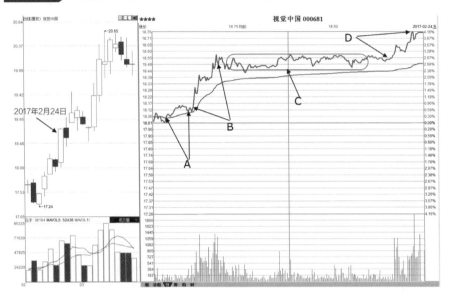

【操作策略】

分時圖處於強勢格局，代表多方力量短線積極。這時候，只要個股的短線漲幅不大，追漲風險相對較低，可以積極參與。

下頁圖1-9顯示視覺中國下個交易日的運行情況：早盤出現一波下探，強弱格局似乎將發生轉變，但隨後盤中再度走強，說明早盤的下探只是少數獲利賣壓導致，個股短線走勢仍以向上為主。由於早盤開低、盤中衝高，，以及前一交易日上漲，短線漲幅相對較大，不宜貿然追高買進。

如圖1-9，尾盤再度回測早盤低點，就是很好的買進時機。不僅買在多方力量明顯占據優勢格局，也買在當天的盤勢低點，為次日的上漲預留短線空間，風險小且獲利潛力相對可觀。

 ## 1-4-3 分時均線弱勢格局

分時均線的弱勢格局主要表現在壓力作用上。當股價持續運行於均價線下方，且無力向上突破均價線，並且有向下遠離均價線的傾向時，空方力量明顯主動，短期內股價下跌機率較大。

視覺中國 2017 年 2 月 27 日的分時圖

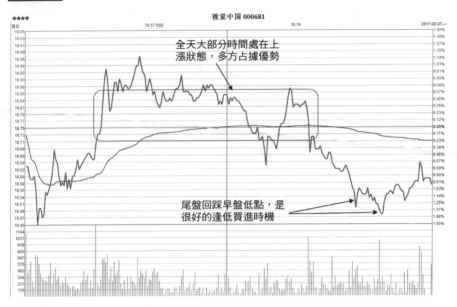

【形態特徵】

如圖1-10，鴻達興業2017年1月11日的分時圖，劃為分4個時段。

A段開盤後小幅下跌，股價位於均價線下方並纏繞均價線。這是盤勢較弱的特徵，也是空方力量醞釀的一個階段。這時，對有經驗的投資人來說，應先賣出以規避風險。

在B段，股價開始持續向下，空方完全占據主動。當個股出現這種走勢，當天走弱至收盤的機率極大，盤中出現逆轉的可能性較小，特別是在走勢行進途中，不可逢低進場。

在C段，加速下跌向下遠離均價線。這是空方勢力增強、完全占據上風的表徵。

在D段，股價橫向運行，絲毫沒有反攻動力。這顯示弱勢運行的格局可能將延續到下個交易日。短線上，仍宜觀望而不貿然出手。

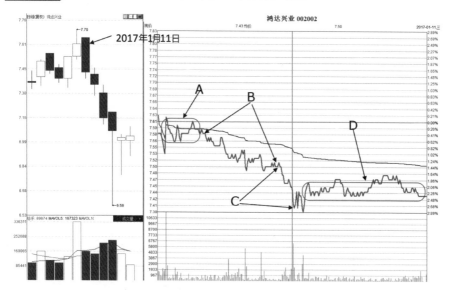

圖 1-10　鴻達興業 2017 年 1 月 11 日的分時圖

1-4-4 看是壓力或支撐，伺機買賣操作

均價線是多空的分水嶺，在分時線與均價線的位置關係固定之後，就有較強的支撐（或壓力）。實戰中，對於分時線持續運行在均價線上方，我們可以趁股價盤中回落時短線買進；相反地，對於分時線持續運行在均價線下方，應結合盤中反彈進行賣出。

支撐作用買進

分時線運行於均價線上方，且在盤中出現一兩波順勢上揚，使得兩者有一定的距離。在少量獲利賣壓或是大盤回落的帶動下，股價順勢出現一波滑落，而當股價回落至均價線附近時，是較好的盤中短線買進點。

【形態特徵】

如下頁圖1-11，在冠農股份2017年2月9日的分時圖中，該股在分時圖上的運行較為強勢，特別是早盤的兩波小幅上揚，正是大買單連續進場推動的結果。結合個股的日K線圖，可知短線反彈幅度小，一旦個股短線表現強

 冠農股份 2017 年 2 月 9 日的分時圖

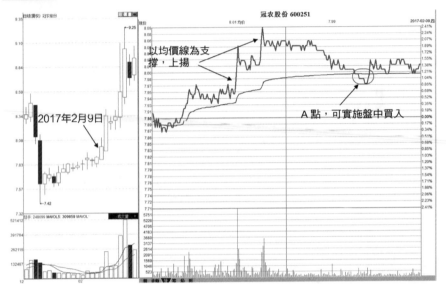

勢，則反彈空間相對較大。當股價回落至圖中的A點位置，就是買進良機。

壓力作用賣出

分時線運行於均價線下方，且出現一兩波跌勢，向下遠離均價線，使得兩者有一定的距離。在少量的買盤進場推動股價回升，當股價反彈至均價線附近，是短線賣出的好時機。

【形態特徵】

如圖1-12，在新疆天業2017年3月2日的分時圖中，早盤階段，個股持續運行於均價線下方，是典型的弱勢格局。結合個股短線漲幅較大的情形，這種弱勢分時圖顯示著短線反轉走勢的出現。

在操作中，若大盤相對穩定，可以等待反彈時機。就此例來說，在早盤向下遠離均價線後，收盤前出現一波小幅反彈，股價接近均價線，即圖1-12中的A點，是弱勢分時圖的反彈賣出點。

圖 1-12 新疆天業 2017 年 3 月 2 日的分時圖

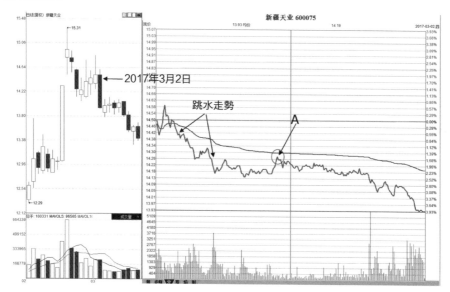

知識加油站

均價線附近的買賣點有一定的靈活空間，這與大盤情況有關。若大盤相對穩定，強勢股的回落一般不會跌破均價線，弱勢股的反彈也不會突破均價線。但是，若大盤短線波動幅度較大，均價線往往會被短暫跌破（或突破），因此實際操作時，必須結合大盤波動來把握最佳買賣點。

1-4-5 多空力量快速轉換，盤中逆轉突破

均價線的支撐和壓力作用也非一成不變，因多空力量的快速轉換，均價線的支撐與壓力也會在盤中發生轉變。當股價從上方跌破均價線且回升無力時，均價線的支撐就轉為壓力。相反地，當股價由下方向上突破均價線，且回檔站穩時，均價線的壓力就轉為支撐。

在股價由均價線下方向上突破後，若能站穩於均價線上方，代表多方力量轉強，隨後的盤中走勢有望轉強，是短線買進的訊號。

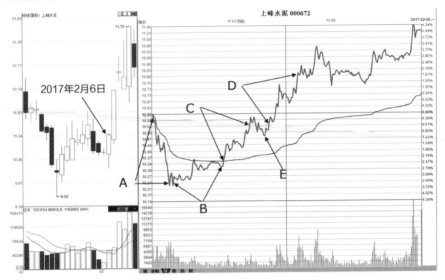

圖 1-13　上峰水泥 2017 年 2 月 6 日的分時圖

【形態特徵】

　　如圖1-13，在上峰水泥2017年2月6日的分時圖中，早盤先是在A段出現一波快速下跌。接著，在B段股價走勢開始緩緩回升，並向均價線靠攏，此時還看不出多空力量對比的轉變，不以可先入為主貿然買進，隨後股價向上突破均價線，並向上遠離。

　　在C段，多方力量已明顯強於空方，盤中走勢出現逆轉，這正是以均價線作為分水嶺的表徵。然後，個股走勢出現小幅回落，回落時分時量沒有被放大，說明此波回落僅是受到正常獲利個股回吐的壓力。

　　在E點位置，結合日K線圖，發現正處在中短線低點，是個不錯的買進點。此時不僅確認多空力量的逆轉，又買在盤中回檔的低點，避免短線追漲被套牢。D段的走勢則進一步確認多方力量的增強，顯示多方占據優勢的局面有望延續到下個交易日，短線可持股待漲。

🏺💲 1-4-6 盤中逆轉跌破

　　當股價由上方向下跌破均價線，代表空方賣壓較重、多方承接力道不

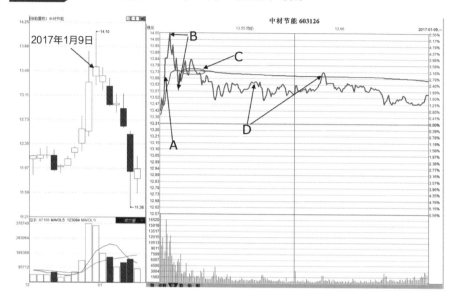

圖 1-14　中材節能 2017 年 1 月 9 日的分時圖

足，是盤勢運行處於弱勢狀態的表徵。特別是在極速衝高之後，若均價線無法對股價的回落形成支撐，勢必引發更多的賣盤出場。

【形態特徵】

如圖1-14，在中材節能2017年1月9日的分時圖中，個股早盤大幅衝高，但隨即快速跌落至均價線下方。這種曇花一現的走勢往往是主力拉高所形成，或是盤中衝高引發大賣單出場所致，是股價走勢快速轉弱的訊號，應及時逢盤中反彈時賣股出場。

A段的強力衝高走勢代表多方力量占據優勢，並且發起進攻。在B段，股價快速回落跌破均價線，是多空力量格局突然逆轉的訊號。隨後的C段走勢反彈至均價線，但無法站穩，顯示多方反攻無力，此時應賣出持股。D段走勢持續運行於均價線下方，顯示空方力量占據明顯上風。若之前仍未賣股出場，當股價再度反彈至均價線附近時，應伺機賣出。

知識加油站

盤中反轉有2種方式，一種是衝高後回落直接跌破均價線，另一種是盤

中衝高回落後，股價先位於均價線上方或附著於均價線，持續一段時間後才跌破均價線，後者較為常見。這2種是空方力量逆轉增強、占據主動盤勢的形態。

1-5

看盤需要注意的重要數據，你一次就能搞懂！

對於分時圖，除了關注分時線、均價線等盤勢形態之外，在瞬息萬變的短線交易中，為了進一步了解盤中個股異動，即時掌握買賣時機，還需要注意漲跌幅、振幅、量比等盤勢數據。

1-5-1 行情報價表

我們可以透過股票行情軟體，瀏覽滬深全部A股的行情報價表、上海股市全部A股的行情報價表，以及深圳股市全部A股的行情報價表。一般來說，經常把滬深兩市的A股合併對照，來查看行情報價表。

當想要查看某個行情報價表時，先點出一個視窗，如表1-4，若想看其中某個項目的內容，例如：滬深A股的行情報價表，點Enter鍵就能打開。如下頁表1-5，在滬深A股的行情報價表中，點選某檔個股，就能打開其走勢圖。

另外，可以依據某個行情資料，對全體A股進行排序，例如：點一下「漲幅」，便依據漲幅大小來排序。透過這個方式，我們可以查找行情有所變動的股票。

表 1-4 看盤軟體的視窗

60	沪深A...	HSA...
602	中小板...	ZXB...
603	创业板...	CYB...
M6	60分钟	60FZ
8856...	马彩概念	MC...
8856...	体育产业	TYCY
8856...	迪士尼	DSN
8856...	福建自...	FJZ...

60

表 1-5　滬深 A 股行情報價表示意圖

	代碼	名稱	星級	漲幅%⬇	現價	總手	現手	昨收	开盘	最高	最低
1	603906	N龍蟠	★★★	+44.01	13.71	115	10⬇	9.52	13.71	13.71	13.71
2	603078	N江化微	★★★	+44.00	34.82	52	5⬇	24.18	34.82	34.82	34.82
3	601000	唐山港	★★★	+10.09	6.44	11.42万	400⬇	5.85	6.44	6.44	6.44
4	600246	万通地产	★★★	+10.07	6.12	77.10万	2⬇	5.56	5.50	6.12	5.40
5	000600	建投能源	★★★★	+10.04	13.15	40.36万	988⬇	11.95	12.50	13.15	12.20
6	002342	巨创索具	★	+10.04	11.40	34973	225⬇	10.36	11.40	11.40	11.40
7	600008	首创股份	★★★	+10.04	6.25	37.22万	1⬇	5.68	6.25	6.25	6.25
8	000856	冀东装备	★	+10.03	17.11	1574	40⬇	15.55	17.11	17.11	17.11
9	601258	庞大集团	★★★	+10.03	3.51	469.42万	30⬇	3.19	3.21	3.51	3.17
10	000619	海螺型材	★★★	+10.03	13.17	14.75万	2886⬇	11.97	11.91	13.17	11.75
11	300633	开立医疗	★★★★★	+10.02	9.11	35	5⬇	8.28	9.11	9.11	9.11
12	300629	新劲刚	★★★	+10.02	28.11	80	2⬇	25.55	28.11	28.11	28.11
13	600149	廊坊发展	★★	+10.02	24.27	89.07万	13⬇	22.06	22.03	24.27	21.60
14	600155	宝硕股份	★★	+10.02	18.89	114.84万	9⬇	17.17	16.50	18.89	16.36
15	603616	韩建河山	★★★	+10.02	21.31	30109	10⬇	19.37	21.31	21.31	21.31
16	002858	力盛赛车	★★★	+10.02	36.25	128	1⬇	32.95	36.25	36.25	36.25
17	603586	金麒麟	★★★	+10.01	37.24	110	10⬇	33.85	37.24	37.24	37.24
18	002616	长青集团	★★★	+10.01	29.88	25.48万	1214⬇	27.16	26.82	29.88	26.44

知識加油站

對某個行情資料進行排序時，只需要再按一下這行情資料名稱即可。

1-5-2 綜合排名視窗看5分鐘走勢

盤中異動的個股也是關注重點。為了能即時監控盤勢，絕大部分股票軟體都提供一個即時查看的方法，就是綜合排名視窗。

綜合排名視窗最重要的作用，是反映最近5分鐘走勢出現明顯異動的個股。在實際操作時，可以即時了解哪些個股上漲幅度較大，哪些個股下跌幅度較大。表1-6是一個滬深股市的綜合排名視窗。

1-5-3 參考漲跌幅縮小選股範圍

漲跌幅就是上漲或下跌的幅度。漲幅排名前面的個股，要麼是漲停板，要麼是接近漲停板。由於股市在短期中往往存在「強者恒強、弱者恒弱」的情形，因此透過漲幅排行榜，可以縮小選股範圍，並且了解股市當前的焦點所在。

表 1-6 滬深兩市綜合排名視窗

今日涨幅排名			快速涨幅排名			周期: 5分钟	即时委比前几名		
603906	N龙蟠	13.71	+44.01%	603558	健盛集团	24.95	+5.41%	300626 华瑞股份 37.30	+100.00%
603078	N江化微	34.82	+44.00%	603037	凯众股份	50.54	+3.35%	300428 四通新材 39.77	+100.00%
601000	唐山港	6.44	+10.09%	300248	新开普	20.90	+2.15%	002755 东方新星 44.11	+100.00%
600246	万通地产	6.12	+10.07%	002321	华英农业	9.89	+1.75%	002616 长青集团 29.88	+100.00%
000600	建投能源	13.15	+10.04%	603577	汇金通	47.20	+1.72%	002342 巨力索具 11.40	+100.00%
002342	巨力索具	11.40	+10.04%	300042	朗科科技	37.99	+1.71%	002494 华斯股份 15.20	+100.00%
600008	首创股份	6.25	+10.04%	300069	金利华电	36.08	+1.38%	002457 青龙管业 15.86	+100.00%
				002213	特尔佳	25.18	+1.29%	002205 国统股份 33.26	+100.00%

今日跌幅排名			快速跌幅排名			周期: 5分钟	即时委比后几名		
300376	易事特	12.56	-10.03%	300133	华策影视	10.70	-2.10%	603009 北特科技 42.49	-100.00%
300398	飞凯材料	20.13	-10.01%	600936	广西广电	10.68	-1.57%	600892 大晟文化 49.53	-100.00%
300369	绿盟科技	25.89	-10.01%	002247	帝龙文化	16.15	-1.52%	603636 南威软件 23.95	-100.00%
300606	金太阳	39.29	-10.01%	300522	世名科技	79.00	-1.37%	603966 法兰泰克 30.84	-100.00%
300031	宝通科技	19.87	-10.01%	300006	莱美药业	7.56	-1.31%	603007 花王股份 44.32	-100.00%
603966	法兰泰克	30.84	-10.01%	603330	上海天洋	78.63	-1.07%	603960 克来机电 48.12	-100.00%
300250	初灵信息	21.67	-10.01%	002835	同为股份	39.53	-1.03%	603991 至正股份 49.25	-100.00%
300377	赢时胜	33.45	-10.01%	002584	西陇科学	13.47	-0.96%	603165 荣晟环保 37.22	-100.00%

今日振幅排名			今日量比排名				今日成交额排名		
601200	上海环境	35.27	18.70%	603717	天域生态	45.20 534.31	000778	新兴铸管 7.96	523,589
600480	凌云股份	26.28	15.21%	002855	捷荣技术	28.31 205.27	601668	中国建筑 10.04	514,943
600155	宝硕股份	18.89	14.73%	603133	碳元科技	37.89 171.08	000786	北新建材 17.10	441,247
600717	天津港	17.05	14.52%	300626	华瑞股份	37.30 67.18	000709	河钢股份 5.29	427,568
600722	金牛化工	13.62	14.26%	300428	四通新材	39.77 12.17	000266	北京城建 18.39	409,086
603036	如通股份	45.21	14.26%	000709	河钢股份	5.29 8.32	300070	碧水源 21.10	375,806
300344	太空板业	17.40	14.25%	002135	东南网架	7.87 6.46	000413	东旭光电 12.35	355,911
002302	西部建设	22.00	13.50%	300058	蓝色光标	8.60 5.56	002146	荣盛发展 12.77	343,914

漲停板與跌停板

股市實行漲跌幅限制制度，衍生2種獨特的股價走勢，就是漲停板與跌停板。當個股當天的股價達到漲幅上限，若買盤的力量仍然強於賣盤，股價就不會滑落，而是在漲停價位上繼續交易。此時個股會在漲停價上出現「一字形」的漲停板走勢。

當個股當天的股價達到跌幅下限，若賣盤的力量仍然強於買盤，股價就不會上揚，而是在跌停價位上繼續交易。此時個股會在跌停價上出現「一字形」的跌停板走勢。

知識加油站

漲跌停板制度的用意是抑制投機炒作，但在市場中，漲停板或跌停板對投資人具有很強的引導力量，會產生強烈助漲促跌作用，而且漲停板常是主力強力拉升的現象，因此是必須關注的重點。

⏳💲 1-5-4 振幅是股價上下震盪的最大幅度

振幅是個股在盤中上下震盪的最大幅度，振幅＝最大上漲幅度＋最大下跌幅度。如果某檔個股當天最高上漲5％，最低下跌6％，當天的振幅為11％。

振幅展現多空雙方的交鋒情況，是評價多空分歧的指標。振幅過大，代表多空分歧過大，當這種情形出現在較敏感的中短線位置點時，往往是股價走勢即將反轉的訊號。

漲幅與跌幅是一種結果的呈現，而振幅有助於了解盤中的現象。很多個股雖然當天的漲跌幅度較小，但盤中振幅很大，特別是出現一閃即逝的低價大賣單或高價大買單，在極短時間內改變股價，但沒影響到股價的盤中走勢。其實，這種大單很有可能展現主力維繫股價的意圖。此時，透過漲幅或跌幅，很難察覺這種盤中出現明顯異動的個股，而振幅則有助於我們篩選出這些個股。

⏳💲 1-5-5 關注放量，也別忽略縮量

量比是成交量的相對比值，以分鐘為單位，為一種即時的盤勢資料，計算公式以下：

量比＝〔當天開市後的成交總量／當天累計開市時間（分）〕／過去5個交易日平均每分鐘成交量

透過上述計算公式可知，量比數值為當天開市後每分鐘的平均成交量，與過去5個交易日每分鐘平均成交量之比。量比可幫助我們即時了解個股在這1分鐘量能放大或縮小的程度，是發現成交量異常的重要指標。

一般來說，量比數值大於2表示個股出現明顯的放量，而量比數值小於0.5則是個股出現明顯的縮量，必須重點關注這兩種量能異動。

有些投資人傾向關注放量，而忽略縮量，認為放量是多空雙方交鋒激烈的展現，而縮量僅是市場交易不活躍。殊不知，縮量其實同樣蘊含豐富的資訊，有時可以有效地揭示隱藏在個股內部的主力資金。在實際操作時，放量與縮量都需要關注。

⏳ 1-5-6 委比公式，看多少委買單在承接

委比的計算公式以下：

委比＝（委買盤中的五檔委買總數－委賣盤中的五檔委賣總數）／（委買手數＋委賣數）×100％

委比的取值範圍是－100％至100％，當委比數值為100％時，個股處於漲停板。相反地，當委比數值為－100％時，個股處於跌停板。委比可以反映委買盤與委賣盤的掛單數量對比情況，幫助我們發現盤中出現的掛單異常。

一般來說，當委比數值為正，表示有較多的委買單在下面承接，是買方力量相對較強的展現。相反地，當委比數值為負，說明有較多的委賣單壓在上面，是賣方力量相對較強的展現。

不過，「大單托底、股價下跌」、「大單壓頂、股價上漲」的情形也十分常見，因此在利用委比發現個股掛單異常後，還要綜合分析這些掛單對個股走勢的影響。

⏳ 1-5-7 股票換手的頻率

換手率是反映股票流通性強弱的指標之一，對於投資人實戰看盤具有重要意義。顧名思義，換手率是指股票換手的頻率。例如，一檔股票的換手率是10％，也就是該股票在10天內完成一次全部換手。

換手率的計算方法，是單位時間內某檔股票的累計成交量，與其流通股本之間的比率：

換手率＝（某一段時期內的成交量／流通股總股數）×100％。

舉例來說，某檔股票在某個交易日成交10萬股，假設該股票的流通股數為100萬股，那麼該股票當天的換手率＝（10萬／100萬）×100％＝10％。在計算中，我們是以流通股的數量為基數，而不是以總股本數為基數。這樣可以更真實和準確地反映出股票的流通性。

換手率的高低既是由股價波動引發，也與股本結構有關。若籌碼較多集

中在散戶手裡，個股換手率就會較高。相反地，若籌碼較多集中在股東、專業投資人手中，換手率較低。

知識加油站

累計換手率是將兩個時間點之間的各交易日換手率相加的結果。當股價在一個幅度不大的箱體區間震盪運行時，若累計換手率達到200%以上或接近300%，說明籌碼換手較充分。若這個區間處在低位區，主力可望實現大力道買股。

第 2 章

了解量價關係的特徵，
讓分時交易更精準

2-1

成交量除了反應交易量，還會透露股市 4 件事

「價、量、時、空」是技術分析的四大要素，量是指成交量，在股價走勢預測中極為關鍵。成交量雖只顯示交易數量，但其市場涵義卻遠遠不止於此，特別是在結合股價變化，不同的量價形態有著不同的多空涵義。

必須深入解讀成交量，才能理解與實際運用。在利用量價形態預測走勢、展開實戰之前，我們先從量能的本質著手，看看它的作用和範圍。接下來，將結合4張圖解讀成交量的深層涵義。

⌛ 2-1-1 多空力道規模與分歧

很多投資人把成交量單純看作是交易量，其實稍微深入分析，就可以得出這個判斷：成交量是多空交鋒規模與多空分歧的展現。

市場涵義

量能放大，代表多空交鋒規模升級，多空分歧加大。在預測股價走勢時，必須分析、判斷多空雙方的力量轉化及對比等資訊。多空雙方的交鋒規模與分歧程度，對投資人來說非常重要。

【形態特徵】

如圖2-1，在賽輪金宇2015年12月至2016年5月的走勢圖中，劃分A、B、C段走勢。

A段為震盪下行波段。此時股價波動較緩，且處於中短期低點，因此市

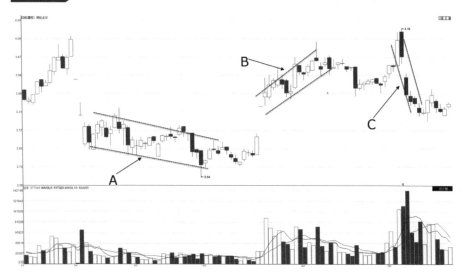

圖 2-1　賽輪金宇 2015 年 12 月至 2016 年 5 月的走勢圖

場交易不活絡，多空分歧度較低。

　　但股市就是在低迷、平穩、劇烈等狀態下更替，因此走勢低迷之後，多空交鋒與分歧度往往會隨著股價的波動而突然改變。在B段，股價短線上漲幅度較大，解套、獲利個股突然增多，使得多空分歧加大。

　　在C段，個股先是假突破，然後急轉直下，大陽線突破伴隨大陰線的突然反轉，股價上下劇烈震盪使走向充滿不確定性。明顯放大的量能，呈現出市場強烈的多空分歧。

2-1-2 股價上漲的原動力

　　從長期來看，股價的波動圍繞著實際價值。但從中短線來看，股價走向與基本面關係不大，而與資金的關係更加密切。

市場涵義

　　決定漲跌的力量來自市場本身的買賣行為。量價分析就是動力與方向分析：成交量是動力，股價走勢是方向。「眾人拾柴火焰高」，表示上漲勢頭仍在延續。若股價上升，但成交量卻在縮小，這意味升勢已到曲高和寡的地

圖 2-2　　隆基股份 2016 年 12 月至 2017 年 3 月的走勢圖

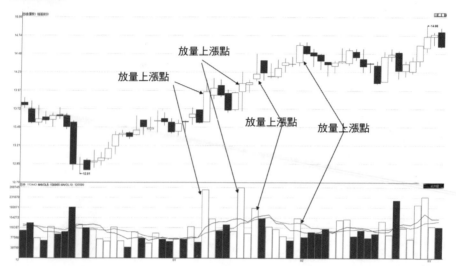

步，是回落的徵兆。相反地，股價下跌成交量卻大增，顯示跌勢風雲初起。價位續跌但成交量越縮越小，表示跌勢已差不多沒人敢跟，這是反轉的訊號。

【形態特徵】

如圖2-2，隆基股份2016年12月至2017年3月的走勢圖中，標示的4個放量上漲點的量能明顯放大，且當天股價為上漲走勢。這表示資金積極進場推升股價，也是個股上漲動力充足的訊號。由於有良好的上漲動力支撐，個股穩健攀升，走勢也將持續。

2-1-3 分析主力行為，跟隨主力操作

「主力」是和散戶相對的概念，為證券市場中的主要力量，一舉一動不僅影響個股的漲跌起落，甚至會帶動指數。無論是股價的中長期走勢，還是短期走勢，主力都占據主導地位。

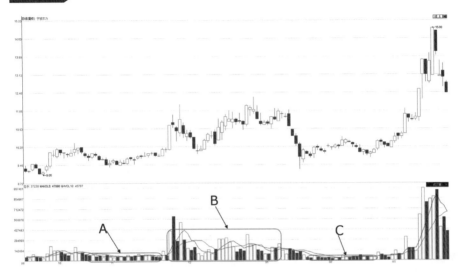

圖 2-3　寧波東力 2016 年 9 月至 2017 年 3 月的走勢

市場涵義

　　主力的市場行為有別於散戶的隨意買賣，主力操盤流程一般分為買股、拉升、整理、出貨等多個環節，目的與操作手法也不盡相同。透過成交量與股價走勢的配合，我們可以分析主力的市場行為，進而跟隨主力操作。接下來，將透過案例說明，如何利用成交量的變化來分析主力行為。

【形態特徵】

　　如圖2-3，寧波東力2016年9月至2017年3月的走勢，可劃分為3個時段。在A段的走勢中，由於股價波動小又處在低位區，成交較為低迷，呈縮量狀態。

　　隨後，B段一波震盪上揚引發放量。量能的放大源於買賣雙方，唯有主力在其中充當的買方進行買股，個股才能有更強的突破動能。

　　當個股走勢運行到C段時，股價再度回落至起漲前的低位區，呈橫向窄幅波動。對比A段量能，此時成交量明顯下降，這說明經歷了B段的震盪上揚之後，市場浮籌進一步減少，主力維繫股價能力得到增強，這正反映出主力資金在B段走勢中買股，也是我們可在C段走勢買進佈局的訊號。

　　這個例子可以看到，利用成交量的變化，從看似不確定的股價走勢中，

圖 2-4　合肥城建 2016 年 11 月至 2017 年 4 月的走勢圖

發現主力行為的線索，並得出主力的買賣方向，為實戰交易提供材料，足見成交量的重要性。

2-1-4 從量能形態預測走勢方向

市場涵義

　　成交量蘊含的資訊，都是透過不同的成交量組合形態，在結合股價走勢的基礎上顯示出來。成交量通常是股價走勢的先兆，例如：「量價齊升」、「價跌量縮」等不同的量價關係，都有不同的市場涵義。因此，成交量蘊含豐富的交易資訊，在結合股價走勢的前提下，我們可以透過成交量的變化，準確預測出價格走勢。

【形態特徵】

　　如圖2-4，合肥城建2016年11月至2017年4月的走勢圖中，量價形態較為典型：A段走勢由3個交易日組成，成交放出巨量且三日量能放大；B點成交量突然大幅縮減，與緊臨的A段相比呈現斷崖式變化。這種量價形態是由主力出貨行為引發。

主力出貨環節伴隨量能連續巨量放大，出貨一旦進入尾聲，成交量會突然縮減，股價便呈斷崖式下跌。主力出貨環節出現連續放量，往往是中短線觸頂。看到這樣的量價形態，短線操作上應賣股出場。

知識加油站

深層解讀成交量的市場涵義，是我們學習量能的突破口。實戰中，我們既要關注典型的量價配合形態，也要學會以分析的方式來解讀其市場涵義。畢竟，對於變幻莫測的股市、飄忽不定的個股，如果只知表象（形態特徵），而不明內理（市場涵義），很難做出準確判斷。

2-2

「量價齊升」的解讀，
應當結合趨勢與波段

股價走勢節節攀升，成交量也不斷放大，隨著股價量能同步創出新高，兩者呈現同步正相放大的特性。量價齊升是典型的量價關係，與投資人在股價上漲時有更強獲利出場的心態有關，與之對應的是價跌量縮。解讀量價齊升要結合趨勢與波段。接下來，將列舉多種情況加以說明。

2-2-1 趨勢行進途中，成交量隨之放大

趨勢上行階段的量價齊升是一種整體形態，是指隨著股價波段上漲，成交量隨之放大、創出新高，兩者呈現同步、正向放大，也稱作「量升價升」。

市場涵義

量價齊升形態說明外部的買盤力量強大，且正加速湧入，是市場處於「有價有市」行情的展現。如果價格此時正穩健上升，則這種量價形態反映出升勢仍將強勢持續。

量價齊升的整體形態常見於分析大盤運行，因為大盤運行不會因為個別主力的操控而改變，而是反映多空力量平衡後的結果。

【形態特徵】

如圖2-5所示，在上證指數2014年8月至2015年8月的走勢圖中，2015年6月之前股市處於上升趨勢。隨著指數節節攀升，成交量也不斷放大，後續上

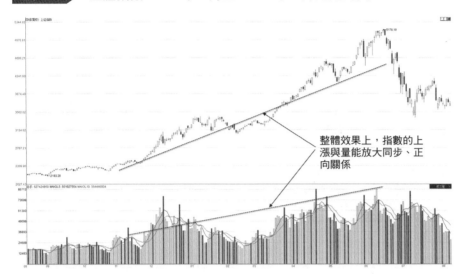

圖 2-5　上證指數 2014 年 8 月至 2015 年 8 月的走勢圖

整體效果上，指數的上
漲與量能放大同步、正
向關係

漲波段的量能高於之前的上漲波段，呈現出量價齊升。這就是市場做多動能
充足、上升趨勢強勁的表徵。因此，依據量價齊升的形態，我們可以更準確
來識別並把握漲勢。

⌛ 2-2-2 短線上漲波段，要看3個要素

市場涵義

短線上漲波段，特別是在創出近期新高的一波上漲走勢中，若成交量相
應放大，代表買盤較為充足，抵擋了獲利個股不斷出場的賣壓。

實際操作時，應注意股價的累計漲幅、短線上漲速度及波段上漲時量能
放大的情況。只有三者配合較為理想時，個股上漲才可能持續。以下結合案
例進行說明。

【形態特徵】

如圖2-6，在法拉電子2016年1月至4月的走勢圖中，股價在一波創新高
的上漲波段中，5日均量線穩步攀升，量能放大，期間收於陽線的交易日量
能都明顯放大。這是資金積極進場、多方力量充足的表徵，也是股價上漲穩

圖 2-6 ▶ 法拉電子 2016 年 1 月至 4 月的走勢圖

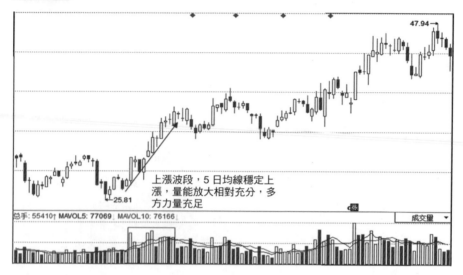

健、短線高點有支撐的訊號。在操作中，個股中線的機會值得關注：當短線回檔、獲利賣壓減輕後，將有很大機率出現新一波的上漲走勢。

2-2-3 下跌反彈波段，可逢回檔低點買進

市場涵義

下跌趨勢剛展開時，反彈上漲走勢無論放量效果如何，由於與頭部位置較近，風險未得到充分釋放，所以不宜參與反彈行情。

但是，當股價累計跌幅較大，又出現量能充分放大的反彈行情，表示此位置有資金介入。放大的量能顯示反彈時壓力重重，也彰顯資金的進場力道，往往是中期底部開始構築的訊號。投資人可以逢回檔低點買進，爭取新一波上漲的獲利。

【形態特徵】

如圖2-7，在永太科技2015年12月至2016年8月的走勢圖中，A段反彈走勢的成交量明顯放大，持續時間相對較長，且個股累計漲幅、短線漲幅也大。這是資金進場的訊號。隨後一波深幅下跌調整，使反彈幅度跌至一半左

圖 2-7 永太科技 2015 年 12 月至 2016 年 8 月的走勢圖

右，距離前期反彈最低點也不遠。這就是一個短線逢低進場、跟上新一波上漲走勢的好時機。

2-2-4 震盪反轉波段，箱頂賣壓過重

市場涵義

震盪反轉波段是指個股上下震盪幅度相對較大，整體格局猶如在箱體中，觸及箱底時反彈向上，觸及箱頂時反轉向下。當股價由箱底反彈至箱頂時，這個上漲波段會有量能放大。一般來說，反轉波段的放量效果過小或過大都不利隨後的突破行情，只有較為溫和的放量，且箱體區間相對較窄，才有利突破的出現。

【形態特徵】

如下頁圖2-8，在廣弘控股2016年1月至9月的走勢圖中，股價在箱體區中反覆震盪：一波震盪上行走勢中，成交量先是溫和放量，達到箱頂位置時，成交量陡然上升，說明箱頂的賣壓過重。這個形態下，在箱頂附近放出巨量，是較明確的中短線賣出訊號。

55

廣弘控股 2016 年 1 月至 9 月的走勢圖

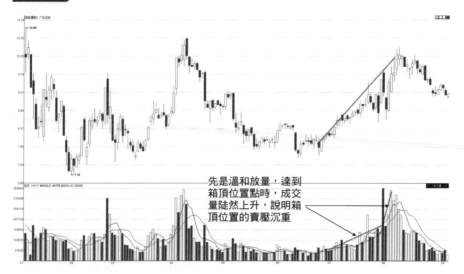

知識加油站

　　對於量價齊升的局部走勢，我們要結合放量效果和個股整體走勢格局，進行綜合分析，解讀放量的原因，例如：當前股價是否有資金持續流入。一般來說，放量效果過小或過大，都不利後續行情的展開。

2-3

「量價背離」的出現，
通常是上漲趨勢逆轉的徵兆

2-3-1 升勢衝頂波段

市場涵義

在牛市中，成交量主要用來判斷買盤力量的強弱：當個股處於上漲趨勢，若成交量在整體上持續放大，代表買盤力量持續增強，上漲勢頭仍將繼續。一旦買盤力量逐漸減弱，成交量很難再放大，股價連創新高，成交量卻不見放大甚至減少，股價走勢將逐漸衰退，常是上漲趨勢逆轉的徵兆。

【形態特徵】

如下頁圖2-9，從華資實業2015年1月至2016年1月的走勢圖，可以看出在累計漲幅較大的狀況下，個股再度震盪上漲。此時的量能遠遠小於前期主升浪的量能，是升勢衝頂時的「量價背離」。這代表買盤進場意願下降，此時的上漲多源於持股者的鎖定，但這種情形會隨著股價停滯而被打破，引發行情反轉。因此，在量價背離的震盪上漲波段，應逐步減少持股，規避趨勢反轉的風險。

2-3-2 跌勢探底波段

持續下跌走勢中，整體量能萎縮，並在累計跌幅較大的位置點，出現一波放量下跌且創出新低，這是跌勢中的量價背離形態。

圖 2-9　　華資實業 2015 年 1 月至 2016 年 1 月的走勢圖

震盪上揚創出新高，但量能遠小於前期上漲波段

市場涵義

　　下跌途中整體呈現縮量，這是買盤無意進場的表徵。但在跌勢探底階段，特別是最後一波下探走勢中，若出現放量下跌，就是恐慌出場的訊號，也代表著買盤資金的進場，中短線底部有望出現反轉。這最後一波放量下跌，可視為跌勢見底的量價背離。

【形態特徵】

　　如圖2-10，在中茵股份2015年12月至2016年7月的走勢圖中，A段的放量下跌出現在累計跌幅較大的位置，是跌勢中的量價背離，顯示中期底部的出現。B段走勢站穩則是多空力量轉變的短線過渡，也是中短線買進佈局的時機。

2-3-3 高位反彈波段

　　在創新高的一波上漲走勢之後，個股出現深幅調整，隨即再度反彈上漲，若這一波反彈上漲時的量能明顯小於之前上漲的量能，則稱作高位反彈波段的量價背離。

圖 2-10 ▶ 中茵股份 2015 年 12 月至 2016 年 7 月的走勢圖

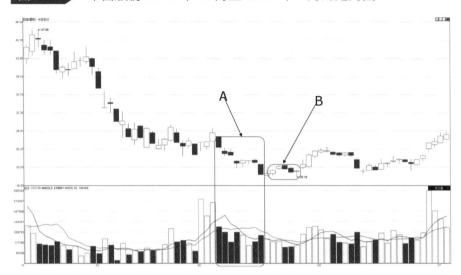

市場涵義

　　高位反彈段的量價背離是買盤進場意願低的表徵，也是多空力量開始轉變的一個過渡階段。出現個股二次探頂卻無法上攻的形態，新一波的破位走勢出現機率也大大增加。投資人應及時逢高賣出，規避風險。

【 形態特徵 】

　　如下頁圖2-11所示，在高能環境2016年8月至12月的走勢圖中，股價在高位區出現震盪走勢，震盪反彈波段的量能雖有放大，但卻遠遠小於前期上漲波段的量能，兩者對比來看，買盤的進場力道明顯下降。這是該股上攻突破動能不足的表徵，也是賣股出場的訊號。

知識加油站

　　量價背離形態打破原有的量價形態，常見在大漲後的高位區，或是大跌後的低位區。一般來說，當量價背離形態出現，打破原有趨勢運行節奏，往往是走勢反轉的訊號。

圖 2-11　高能環境 2016 年 8 月至 12 月的走勢圖

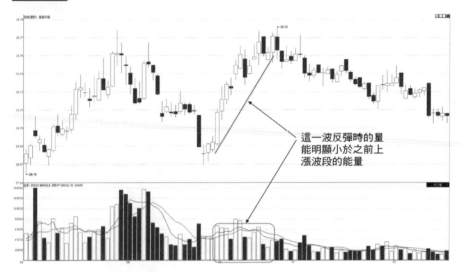

這一波反彈時的量
能明顯小於之前上
漲波段的能量

2-4

「放量」有 6 個形態，
你該採取哪些因應策略？

放量是成交量的明顯變動，放大的量能代表買賣雙方交鋒升級，也是股價走勢開始劇烈變動的訊號。放量時，機會與風險並存。唯有學習分析放量的市場涵義，掌握常見的形態，才能有效投資獲利。

2-4-1 脈衝式放量

脈衝式放量是指成交量在某1、2個交易日突然放大，且效果十分明顯：交易量遠遠超過之前的均量水準。但在這1、2個交易日後，成交量又突然恢復到之前的均量水準。

這種在1、2天內成交量暴增的放量形態，打斷個股投資的連續性，多半是主力參與的結果，或者受到上市公司突然發佈重大利多、利空事件的影響，成交量往往達到正常水準的3倍以上。

市場涵義

一般來說，脈衝式放量的原因主要有2種：一是消息面的刺激，另一個是主力的積極運作。

若利多消息引發脈衝式放量上漲，由於當天量能過度放大，對短期內買盤的消耗過大，導致隨後量能突然縮減，顯示買盤進場不連貫，這就是一種回檔訊號。若主力的操作引發脈衝式放量下跌，大多是快速出貨的表徵，個股隨後極有可能短期急跌。

在盤面上，脈衝式放量上漲多出現在中短期高點，個股短期內回檔下跌

圖 2-12　銀河電子 2016 年 7 月至 11 月的走勢圖

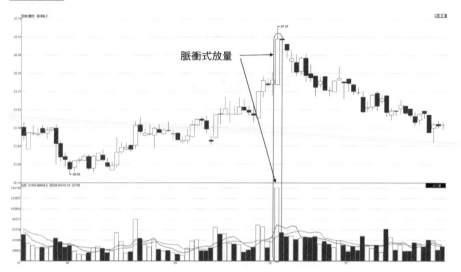

的機率較大。脈衝式放量是一種常見且極重要的形態。以下，結合實例來說明。

【形態特徵】

　　如圖2-12，在銀河電子2016年7月至11月的走勢圖中，股價短期持續上漲之後，在單一交易日收於長陽線，突破勢頭較為強勁。但單日量能異常放大後，次日卻驟然下降，這就是脈衝式放量上漲。這種量能形態出現在短線高點時，個股常會出現短線深幅調整，應賣出以規避風險。

知識加油站

　　由於主力的力量不可忽視，所以當個股出現脈衝放量時，我們一方面要看是否受到消息面影響，另一方面也要看脈衝放量出現時的主力蹤跡。業績成長等實質利多消息引發的個股脈衝式放量上漲，雖然也會出現短線調整，但若此時股價處於低點，隨後的中長期走勢往往是向上發展。

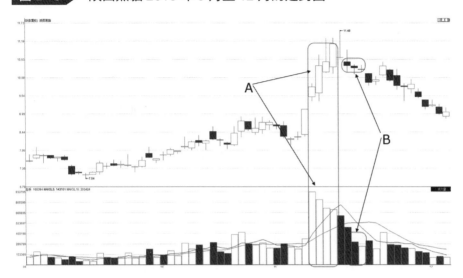

圖 2-13   陝西黑貓 2016 年 9 月至 12 月的走勢圖

2-4-2 井噴式放量

井噴式放量會出現在個股緩步上漲時，是股價走勢飆升、成交量急劇放大的一種量價形態，可持續多個交易日。

市場涵義

在震盪上揚、緩慢攀升的走勢中，多方力量平穩釋放，使股價保持上漲的連續性。但是，若個股出現井噴式量價形態，大多顯示多方力量正加速釋放，且在加速上漲時面臨較沉重的賣壓。

隨後，一旦成交量無法有效放大、股價上漲受阻，會引發更多投資人出場，中短期股價走勢將回檔下跌。

【形態特徵】

如圖2-13，在陝西黑貓2016年9月至12月的走勢圖中，股價在A段上漲的幾個交易日裡，出現井噴式放量，這種量價關係難以持續，股價也很難站穩短線高點。在B點位置，連續3天收於滯漲的十字星整理，且量能開始快速萎縮。這顯示井噴式放量後買盤力量枯竭，是賣股出場的訊號。

知識加油站

一般來說，在股價不斷攀升時出現這種量價關係，並且個股累積漲幅並不大，代表即將開始階段性回檔走勢。只有當前期已有較大升幅，井噴式放量才是顯示上升趨勢反轉的訊號。

2-4-3 滯漲式放量，買盤力道大但賣壓沉重

滯漲式放量是指個股在一波上漲後，位於階段性的高點，此時股價走勢無力上漲，但成交量卻持續放大，並沒有縮小。

市場涵義

成交量是買賣雙方交易數量的展現，成交量放大說明多空雙方交鋒較為激烈。滯漲式放量顯示：買盤此時進場力道很大，但仍無法有效推升個股上漲，展現市場當前賣壓較重。

「漲時放量，跌時縮量」這是常態，但現在放量都無法上漲，隨後一旦買盤進場力道減弱，個股難免有一波回檔下跌。操作時，若個股在階段性的高點出現滯漲式放量形態，宜短線賣股以規避下跌風險。

【形態特徵】

如圖2-14，在寧波港2016年9月至12月的走勢圖中，該股股價上漲時的放量較為明顯，在短線高點，連續3個交易日無法推升股價，但成交量沒有縮減。出現持續時間較短、股價未見上漲的滯漲式放量，這同樣也是下跌訊號。此外，還有持續時間較長、股價略有上漲的滯漲式放量形態。

如圖2-15，在華鈺礦業2016年5月至7月的走勢圖中，在A段股價緩緩攀升，成交量異常放大。這是滯漲式放量中「堆量爬坡」的形態，稱作堆量滯漲。隨後B點的2個交易日裡，成交量驟然下降，顯示股價將進行調整，此時應賣股出場。

知識加油站

「堆量整理」與堆量滯漲相似，是指個股在整理走勢中，出現連續數個

圖 2-14 ▶ 寧波港 2016 年 9 月至 12 月的走勢圖

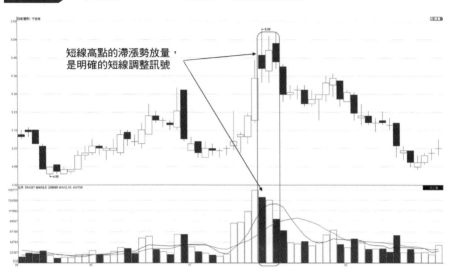

短線高點的滯漲勢放量，
是明確的短線調整訊號

圖 2-15 ▶ 華鈺礦業 2016 年 5 月至 7 月的走勢圖

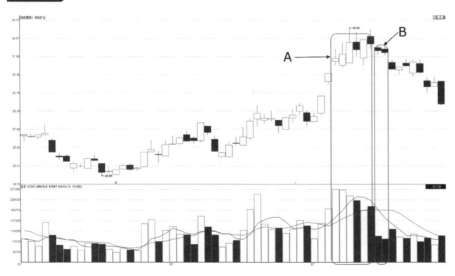

交易日的大幅放量。在這種形態中，無論個股的整理走勢與大盤同步，還是
和大盤相反，都可以看作隨後將出現下跌走勢的訊號。

2-4-4 多個交易日連續放量

連續放量是指主力在連續多個交易日進行放量。這時伴隨股價的快速飆升，是一種很常見的形態。在K線圖上，既可以看到股價快速飆升，也可以看到量能連續放大，且遠超前期的均價線水準。

市場涵義

連續放量上漲，常是主力維繫股價的一種操作。這時主力透過突襲買進，製造買盤湧入、多方力量極強的表象。投資人普遍有「放量上漲」的想法，也愛追漲有量能支撐的個股，主力就借助這種氛圍悄悄出貨。

實際操作連續量能的個股時，一要看放量效果，二要看個股短期走勢。只要放量充分、未見量能萎縮且股價重心仍在攀升，則可持有。相反地，則應賣出。

【形態特徵】

如圖2-16，在國民技術2015年12月至2016年11月的走勢圖中，在連續放量的短線高點，股價上下震盪後量能縮減，這時應賣出股票。

知識加油站

很多主力在維繫某個股股價的過程中，會反覆使用同一手法，連續放量也是如此，這常見在橫向震盪走勢中。在震盪反彈階段，量能異常放大，當股價達到震盪高點時，量能開始快速縮減。對於這類個股，可以結合震盪區間反覆進行波段交易。

2-4-5 逐級遞增式放量，買氣或恐慌逐漸增大

遞增式放量是一種成交量呈逐級遞增放大的形態。一般來說，這種遞增效果可維持5個交易日左右。由於每個交易日的成交量都相比前一日出現小幅放大，所以可以看到成交量呈現階梯式上升的形態。

在實際應用上，只要成交量在數個交易日內呈現持續增加的趨勢，就可解讀為遞增式放量。

圖 2-16 ⟫ 國民技術 2015 年 12 月至 2016 年 11 月的走勢圖

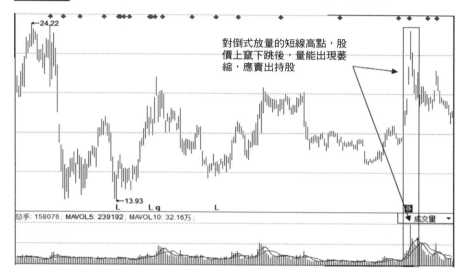

對倒式放量的短線高點，股價上竄下跳後，量能出現萎縮，應賣出持股

市場涵義

遞增式放量出現在上漲階段，是一個逐漸匯聚買氣的過程，若出現在下跌途中，則是恐慌情緒逐漸加重的過程。在短線遞增式放量的上漲波段，既是買盤進場力道不斷加強的表徵，也是市場賣壓不斷加重的訊號，一旦買盤進場力道減弱，短期高點的出脫也將導致股價調整。因此，遞增式放量的量能峰值，往往就是短線的回檔點。投資人可結合「量價峰值」，來掌握遞增式放量上漲形態中的短期高點。

如下頁圖2-17所示，在思源電氣2015年11月至2016年2月的走勢圖中，隨著一波反彈，連續5個交易日量能出現遞增放大，這是買盤加速介入的表現。但個股趨勢已向下，遞增式放量只是反映短期買賣盤關係，難以影響整體趨勢。其中遞增式放量的量能峰值處，就是反彈交易中的獲利賣出時機。

知識加油站

遞增式放量是一種局部量能形態，幫助投資人判斷短線高、低點。在分析趨勢運行、把握趨勢反轉時，應結合更多盤面資訊。

圖 2-17　思源電氣 2015 年 11 月至 2016 年 2 月的走勢圖

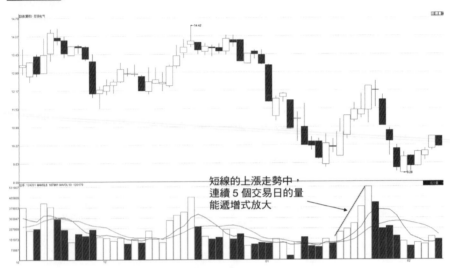

短線的上漲走勢中，
連續 5 個交易日的量
能遞增式放大

2-4-6 天量大陰線創新高

天量大陰線是指個股當天的收盤價明顯低於開盤價，且當天的成交量不僅遠遠高於之前的均量、前幾天的量能大小，還往往會創出近幾年的新高。

市場涵義

天量大陰線形態常見於短線高點，特別是漲停板次日，是資金出逃力道極大的表徵。因為當天收於大陰線，說明空方占據完全主動，正逢高出貨，大多預示短期將出現深幅下跌。操作時，投資人應賣出持股以規避風險。

【形態特徵】

如圖2-18，在華銳風電2016年3月至2017年1月的走勢圖中，雖然以漲停板突破低位盤整區，次日卻收出天量陰線形態，而且個股基本面很差，淨資產極低、企業處於虧損狀態，因此可以判斷前一天的漲停板，並非行情出現的訊號，只是主力假拉升、真出貨的手法。出現天量陰線形態，是主力出貨的真實寫照，從隨後的走勢來看，也展開新一波下跌。

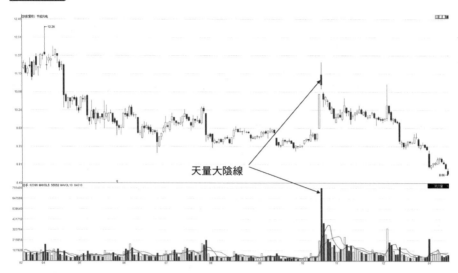

圖 2-18 華銳風電 2016 年 3 月至 2017 年 1 月的走勢圖

知識加油站

天量大陰線與放量陰線不同，天量是指當天的量能創出近年新高。在成交量直條圖上，將時間軸拉升，就會清晰顯現當天的放量效果。

2-5

「縮量」有5個形態，
你可以從中分析主力行蹤

放量代表買賣活躍，與股價的劇烈波動直接相關，最易獲得投資人關注。但縮量並不只是交易清淡的表現。在很多時候，更能反映主力維繫股價的情況，要想更準確把握跟隨主力的時機，就一定要對縮量有深入的理解。

2-5-1 下跌途中縮量

下跌途中縮量是指個股在震盪下跌，或是持續下跌過程中，成交量持續明顯縮小的狀態。

市場涵義

在個股趨勢走壞，特別是股價不斷下跌時，呈現縮量是買盤無意進場、空方力量明顯占據主導的表徵。只要這種量價關係沒被打破，一般來說，表示跌勢仍未見底，不可貿然逢低進場。

【形態特徵】

如圖2-19所示，在久遠銀海2016年5月至2017年1月的走勢圖中，標示高位滯漲區的支撐線點，以及A、B兩段走勢。在A段走勢中，股價震盪下滑至支撐線點位，量能明顯縮減。此時還難以判斷是否會破位下行，但結合股價所處的高位區，在參與中短線交易時，只宜少量持股。隨後B段出現破位，確認跌勢持續、破位下行的行情出現。如果之前進行短線買股操作，此時應及時趁反彈機會賣股，以規避風險。

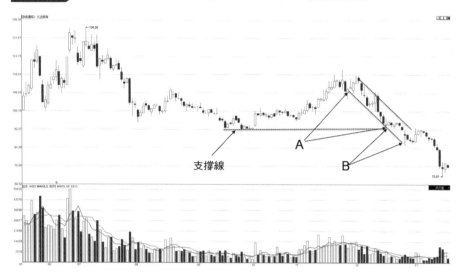

圖 2-19　久遠銀海 2016 年 5 月至 2017 年 1 月的走勢圖

2-5-2 反彈波段縮量

反彈走勢出現在下跌途中，個股的股價重心不斷下移，在一波短線下跌之後，股價開始反彈，但反彈時的成交量明顯較小，且隨著反彈的持續，量能越來越小。

市場涵義

反彈波段縮量顯示買盤還未大規模進場，此時的反彈走勢僅僅是因為超跌狀態下的套牢盤惜售引發的。一旦短線反彈有一定幅度，勢必會引發被套盤較強的拋售意願，進而結束短期反彈行情。操作中，這種無量反彈是不宜追漲買進的。

【形態特徵】

如下頁圖2-20所示，在哈藥股份2015年12月至2016年4月的走勢圖中，該股在深幅下跌之後，出現一波反彈走勢，但這一波反彈走勢明顯沒有量能支撐。隨後，成交量不斷縮減。這種縮量反彈行情很難站穩於短線高點。在短線操作上，應當以賣出為主。投資人可以等短線回檔站穩後，再度買進。

圖 2-20　哈藥股份 2015 年 12 月至 2016 年 4 月的走勢圖

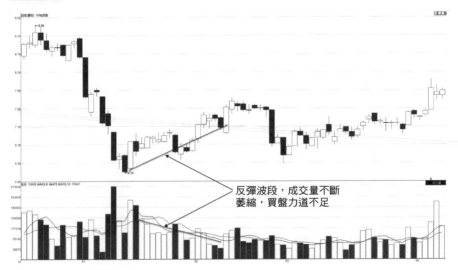

反彈波段，成交量不斷
萎縮，買盤力道不足

⌛ 2-5-3 低位長期站穩後，再度縮量

　　個股在長期下跌後的低位區，或者是累計漲幅很小的低點位置區，出現長期的橫向震盪走勢，成交量保持在相對穩定的狀態下。震盪走勢持續，在隨後的中短期橫向整理中，成交量再度縮減，明顯低於之前震盪時的量能，這就是站穩走勢中的再度縮量形態。

市場涵義

　　低位區的長期站穩走勢代表著多空力量趨於平衡，之後出現再度縮量整理，顯示籌碼的鎖定度大幅提升。在低位區，籌碼鎖定度提升往往就是主力進場的訊號，也顯示個股隨後的上升行情有望展開，是機會的象徵。

【形態特徵】

　　如圖2-21，從龍溪股份2016年1月至12月的走勢圖，可知低位區處於震盪整理，隨著震盪持續成交量再度縮減，明顯小於前期震盪時的量能。低迷的成交量代表著良好的籌碼鎖定度。從該股隨後走勢來看，這也是其啟動前的一個過渡階段。

圖 2-21　龍溪股份 2016 年 1 月至 12 月的走勢圖

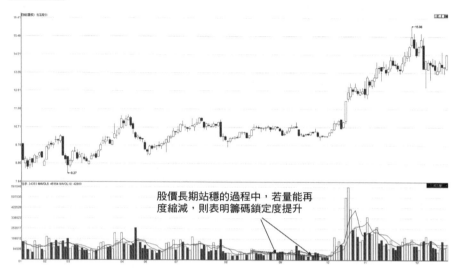

股價長期站穩的過程中，若量能再
度縮減，則表明籌碼鎖定度提升

2-5-4 橫向整理中的極度縮量

極度縮量是指個股在橫向整理走勢中，量能相對縮小的狀態。也就是說，在走勢未出現變化的情況下，成交量卻在某個（或幾個）交易日內突然大幅縮減。

市場涵義

極度縮量的突然出現代表市場浮籌已經很少，主力可透過盤中買賣使個股放量，但卻無法阻止市場的正常交易。極度縮量往往出現在主力未參與當天，是市場浮籌少，也是個股有主力積極運作的訊號。因此，若出現在低位整理走勢，則是投資的機會。

如下頁圖2-22，在東百集團2015年6月至2016年1月的走勢圖中，低位橫向整理時，突然出現連續3個交易日的大幅縮量。由於同期量能處於縮小狀態，這3天量能呈現極度縮量，顯示主力此時持股比例較大，股價有望在主力運作下啟動上漲，因此應買股佈局。

圖 2-22 東百集團 2015 年 6 月至 2016 年 1 月的走勢圖

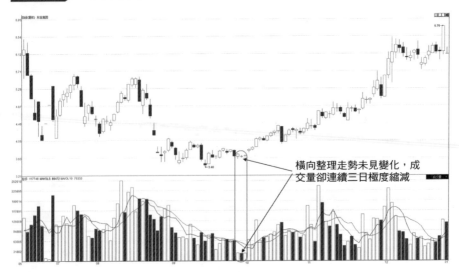

橫向整理走勢未見變化，成
交量卻連續三日極度縮減

2-5-5 放量上攻後低點縮量

「放量上攻後低點縮量」有著鮮明的放量、縮量對比效果，個股先是放量上攻，短期走勢極具獨立性，短線上漲時的攻擊勢頭強勁，放量顯著。隨後股價出現回落，位置點接近放量上攻前的起漲點，並在這個起漲點做橫向整理，縮量特徵明顯。

市場涵義

個股獨立的放量上攻走勢代表主力資金的積極進攻，也是交易暢旺的表徵。在短線上攻後的高點，往往受大盤拖累，股價向下回落，並且在低點橫向整理。

由於高點停留時間較短，主力沒有足夠的出貨時間，再度回到低點時成交量萎縮，顯示籌碼鎖定度較高。可見主力仍然參與其中，是個股有望在大盤回暖後二度上攻的訊號。在短線回落後的低位縮量整理區，投資人可以買股佈局。

圖 2-23 ▶ 中青寶 2015 年 12 月至 2016 年 12 月的走勢圖

【形態特徵】

如圖2-23，在中青寶2015年12月至2016年12月的走勢圖中，A段走勢是獨立的放量上攻形態，量能顯著放大，但隨後在高點停留時間較短，兩波回落後，股價接近起漲點。B段走勢呈橫向整理且量能大幅萎縮，這就是主力鎖股操作維繫股價所致，顯示市場浮籌較少，是買股進場的時機。

知識加油站

利用縮量形態分析主力行蹤、把握交易機會時，一定要注意「縮量」的相對性，即結合先前股價的量價關係來分析當前的縮量涵義，才能做出正確判斷。

第 3 章

結合個股與大盤的分時變化，獲利高又風險低

3-1

【開盤】開高、開低或開平，分別隱藏哪些獲利密碼？

3-1-1 開平，走勢有望延續

集合競價決定當天的開盤情況，有開高、開低、開平3種。每個交易日之後，受消息面、投資人心理、主力維繫股價等多種因素影響，開盤價往往與上一個交易日的收盤價出現較大差距。接下來，將從開盤情況、盤中強弱、市場風向、趨勢特徵等角度來進一步說明。

這或許是機會的象徵，也可能是風險的訊號。實戰中，既要結合個股所處位置，也要結合市場情緒，才能把握機會與規避風險。

開盤價高於前一日的收盤價稱作開高，低於則稱作開低，而等於則稱作開平。開平，或者小幅度的開高、開低，代表交易的連續性，個股有望延續前一個交易日的走勢。但如果開高或開低的幅度較大，則是明顯的變動，股價走勢可能在隨後掀起波瀾。

【形態特徵】

如圖3-1，根據陝鼓動力2017年1月26日的分時圖，從局部走勢來看，該股處在低點反彈上漲波段，反彈幅度較小，當天為開平，顯示股價走勢有望延續。當天該股收出小陽線，也說明多方力量在短線內仍然掌握一定主動。

3-1-2 開高代表投資人買進意願增強

若出現較大幅度的開高，說明經過一夜思考之後，投資人的主動買進意

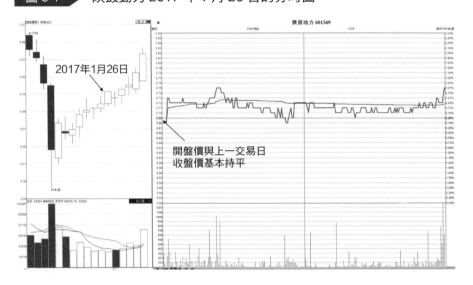

圖 3-1 　陝鼓動力 2017 年 1 月 26 日的分時圖

願增強。原因可能是受利多消息面刺激，也可能是主力將有所行動。

明顯的開高可能是機會，也可能是風險。要結合股價所處位置和題材面來綜合判斷。如果開高幅度較大，出現在低位盤整後的突破位置，表示多方蓄勢完畢、開始上攻。如果出現在高位區間，則要提防開高處不勝寒。

開高的機會

在低位區長期盤整之後，或短線上攻剛剛展開，此時若出現明顯開高，則往往顯示主力有意拉升個股、會有一波突破上攻行情，是買進的機會。

【形態特徵】

如下頁圖3-2，在上汽集團2016年5月至7月的走勢圖中，低位長期整理中，該股先連續數日收於小陽線，但短線漲幅較小。此時，明顯開高使得股價呈現突破整理區態勢，這就是行情出現的訊號，可適當參與、追漲買進。

開高的風險

在中線累積漲幅較大，或是短線大幅上漲後，若再度出現開高，則不宜進場追漲，因為很可能是多方力量的最後釋放，一旦發現個股有短線滯漲傾

圖 3-2　上汽集團 2016 年 5 月至 7 月的走勢圖

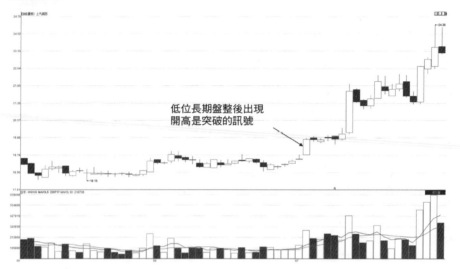

低位長期盤整後出現
開高是突破的訊號

向，則應果斷賣出以規避風險。

　　如圖3-3所示，在南風股份2015年9至12月的走勢圖中，該股中線累計漲幅極大，明顯開高後數日內呈現橫向整理。這是風險訊號，投資人應賣出持股。

3-1-3 開低是危險訊號，但有走高的機會

　　開低是一個危險訊號，特別是集合競價成交數量較多時所導致的大幅度開低，往往與主力出貨有關，是破位下跌走勢即將展開的表徵。

　　當然，大幅度的開低有時也可能成為買股機會：當個股經中短期急速下跌之後，再度出現的大幅度下跌有可能引發逢低資金的介入，進而出現開低走高。

大幅開低的風險

　　緩慢下跌的走勢中，或者是在震盪區，一旦出現明顯的開低，大多將展開一波深幅的下跌走勢，是風險的訊號。

圖 3-3　　　南風股份 2015 年 9 至 12 月的走勢圖

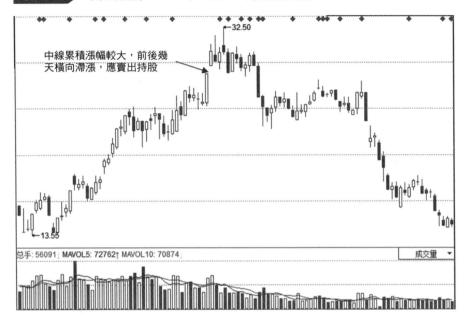

中線累積漲幅較大，前後幾
天橫向滯漲，應賣出持股

←32.50

←13.55

總手: 56091　MAVOL5: 72762↑ MAVOL10: 70874　　　　　　　　　　　成交量 ▼

【形態特徵】

如下頁圖3-4，雅戈爾2016年7月至12月的走勢圖中，共出現兩次大幅開低，一次是在緩慢下跌走勢，一次是在反彈後的整理區。兩次開低都引發一波下跌行情，可以說開低是個危險訊號，因為它代表空方已占據主動，開啟相關個股的短線下跌空間。此時，持股者宜停損出場。

大幅開低的機會

在短線跌幅較大時若出現開低，多半顯示空方力量最後的集中釋放，個股有望迎來一波反彈。但若同期市場成交量低、成交清淡，則反彈力道往往較弱。投資人宜逢低少量買進。

【形態特徵】

如下頁圖3-5所示，在法蘭泰克2017年1至4月的走勢圖中，自高點持續下跌，沒出現任何反彈。隨後，在短線累計跌幅達40%的情形下，再度出現明顯開低。這是短期內市場非理性恐慌性賣壓引發的，也是空方力量的集中

圖 3-4　雅戈爾 2016 年 7 月至 12 月的走勢圖

緩慢下滑中，極易
出現大幅開低，加
速下跌的情況

高點反彈整理後，出現
開低，這時反彈結束，
展開下一波下跌走勢

圖 3-5　法蘭泰克 2017 年 1 至 4 月的走勢圖

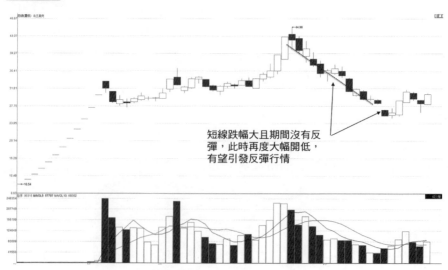

短線跌幅大且期間沒有反
彈，此時再度大幅開低，
有望引發反彈行情

釋放。隨後有望迎來反彈。但同期市場成交低迷，因此在逢低買進時，一要降低預期獲利空間，二要控制好部位、設定停損點並嚴格執行。

知識加油站

開盤價是一天交易的起始點，也是短期走勢方向的提示訊號。短線交易中，對於明顯的開低、開高，一定要結合個股中短線走勢特徵來分析，並展開操作，才能有效把握機會並規避風險。

3-2

【盤中】利用資訊判斷個股強弱，是短線交易的關鍵

對於盤勢分時圖，利用盤中資訊來判定個股及市場的強弱，是短線交易的關鍵所在。我們既要分析個股的強弱特徵，也要結合市場走勢來操作。接下來，將分析如何利用盤勢形態，了解個股的獨立性與強弱。

3-2-1 股價走勢與均價線的相對位置

基本上，股價運行於均價線上方，是多方占據優勢。相反地，則是空方占據優勢。但在很多時候，這種結論並不正確。因為我們沒有深入了解分時線與均價線的微妙關係。以下透過幾種具體位置關係，來說明如何在短線操作時，有效運用均價線的特徵。

回落不靠均價線

這是指分時線強有力地運行於均價線上方，始終與均價線保持一定距離，股價短線未靠攏均價線、回落在與其有一定距離時，就開始再度回升。一般來說，這是買盤十分充足、多方力量明顯占據優勢的訊號。只要個股中短線漲幅不大，隨後的短線行情值得期待。

【形態特徵】

如圖3-6所示，在粵泰股份2016年11月11日的分時圖中，早盤股價附著於均價線上方，但午盤前後走勢明顯增強，與均價線始終保持一定距離，即使在大盤調整出現一波較快下跌，股價也未觸及均價線。這就是典型的盤勢

圖 3-6   粵泰股份 2016 年 11 月 11 日的分時圖

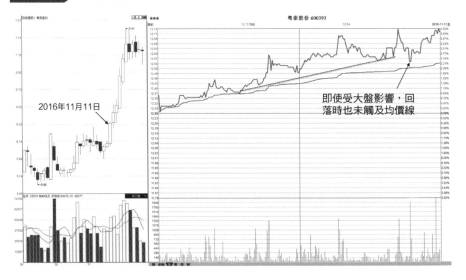

即使受大盤影響，回落時也未觸及均價線

強勢分時圖。從日K線圖來看，中短線漲幅較小又處於盤整突破點，顯示突破行情即將展開，是短線買進的訊號。

分時線粘合均價線

分時線粘合均價線，是指分時線上下小幅度地圍繞均價線波動，或是分時線運行於均價線上方，但距離均價線極近，幾乎粘合在一起。

對於交易較活絡的個股，股價的運行方式是「不漲即跌」，維持不住高點。想保住之前的獲利成果，最有效的方法就是再度上漲。這種盤勢形態出現在盤中高點時，多半代表多方推升無力，短線獲利賣壓相對較大，應當賣出。

【形態特徵】

如下頁圖3-7，在華茂股份2016年11月24日的分時圖中，股價在當天早盤大幅上揚，呈現突破之勢，在盤中高點回落，分時線附著於均價線。這種粘合形態顯示多方上攻力量不足。雖然日K線收於突破型的大陽線，但盤勢形態提示這種突破很可能無功而返。操作時應注意風險，不宜追漲買進。

華茂股份 2016 年 11 月 24 日的分時圖

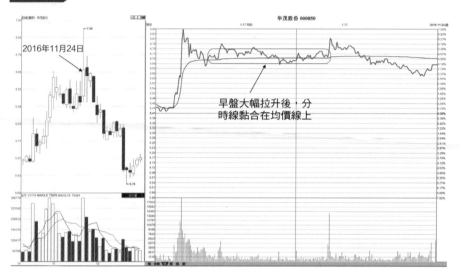

反彈不靠均價線

「反彈不靠均價線」與「回落不靠均價線」正好相反，是空方力量在盤中完全占據主動的表徵。一般來說，出現在個股破位向下走勢時，將有一波急速下跌行情。

【形態特徵】

如圖3-8，在文科園林2017年1月12日的分時圖中，股價在當天跳空開低向下跌破窄幅整理區，分時線一直運行於均價線之下，始終無力反彈，反彈時也沒有靠攏均價線。這是空方力量完全占據主動的訊號。雖然該股中短線跌幅較深，但跌勢尚未見底。因此短線操作上，不可貿然逢低進場。

知識加油站

回落不靠均價線、分時線粘合均價線、反彈不靠均價線，是較為常見、市場涵義相對明確的3種盤勢形態。此外，分時線與均價線還有許多種相對關係。實戰中，既要關注分時線與均價線位置的即時變化，也要注意結合日K線做綜合分析，才能得出更準確的結論。

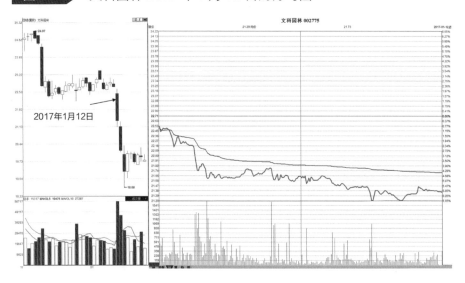

圖 3-8　文科園林 2017 年 1 月 12 日的分時圖

3-2-2 同類股漲幅，觀察與題材面的連動性

　　股市的焦點往往是以類股的方式呈現，個股單獨上漲很難引起市場共鳴，主力一般也不會強拉某支個股。對於這種特性，在實戰中應注意同類股的表現，當某幾檔個股上漲幅度較大時，可以觀察題材面與同類個股的連動性，分析個股短線行情的持續力道，並決定是否參與交易。

【形態特徵】

　　如下頁圖3-9，在賽為智能2017年3月6日的分時圖中，股價在當天漲停開盤，然後在盤中高點走勢強勁。此時是否可以追漲進場呢？

　　判斷的關鍵就是要結合題材熱度。那時候，市場追捧人工智慧概念股，當天因為消息面因素，資金再度湧入人工智慧類股，相關個股紛紛開高。不過，賽為智能、科大智慧等前期未見炒作、仍處於低價位的個股，當天則以無量漲停板開盤。

【形態特徵】

　　下頁圖3-10是科大智能2017年3月6日的分時圖，相較於當天的賽為智

圖 3-9　賽為智能 2017 年 3 月 6 日的分時圖

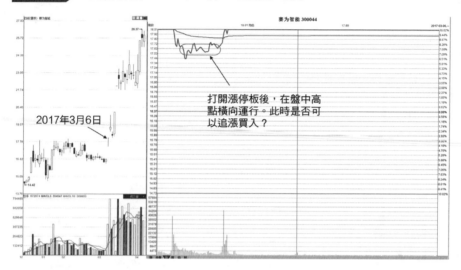

打開漲停板後，在盤中高
點橫向運行。此時是否可
以追漲買入？

圖 3-10　科大智能 2017 年 3 月 6 日的分時圖

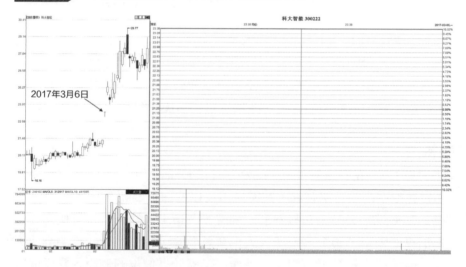

能，開盤期間該股牢牢漲停、賣單很少。結合當天整體上揚的類股特徵來
看，個股短線行情仍有上攻空間。因此，短線交易時，可以適當追漲買進。
這是我們常說短線交易「買漲不買跌」的典型案例。由於短線行情重勢不重
質，因此具體分析個股短線上攻勢頭時，應當參考同類股的表現。

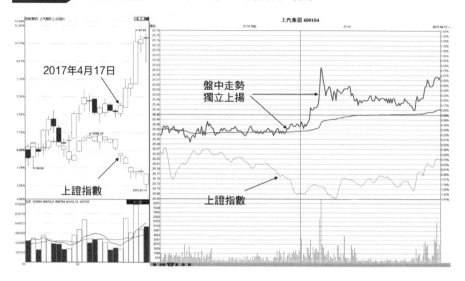

圖 3-11　　上汽集團 2017 年 4 月 17 日的分時圖

知識加油站

利用漲幅排行榜來觀察當天的市場焦點，是把握同類股表現的重要線索。當然，了解相關個股的題材，並掌握整體大多數個股的題材，是做短線交易必須具備的能力。

3-2-3 個股不受大盤震盪影響獨走，代表……

當大盤震盪之際，個股走勢具有一定獨立性，很可能是主力在積極運作，特別是盤中逆市上揚的個股，顯示短線上攻力道充足，值得關注。

【形態特徵】

如圖3-11，將上汽集團2017年4月17日的分時圖，對照當天上證指數分時線，可以看到當指數在午盤前後下跌時，該股卻逆勢上揚，而且正處於低點強勢整理區間。這種盤中獨立上漲形態是短線突破的訊號，也是短線買進時機。

知識加油站

　　盤中逆勢上揚是短線上攻力道較強的訊號，但如果同期大盤下跌幅度較大，而且連續多日，個股很可能會出現補跌。在這種狀況下，短線不宜進場追漲。

⏳ 3-2-4 強弱格局會在盤中發生轉變

　　當多空雙方持續交鋒，其力道也常產生消長。早盤的強勢可轉變為午盤後的弱勢，早盤的弱勢也可轉變為午盤後的強勢。在一個交易日中，強弱對比格局並非一成不變，會隨交易而改變，特別是在具有轉折意向的位置點上。投資人一定要即時觀察，留意這種轉變，進而採取相應的操作策略。

【形態特徵】盤中走勢由強轉弱

　　如圖3-12，在海鷗衛浴2016年11月24日的分時圖中，早盤階段，該股出現兩波順勢上揚，股價於均價線上方站穩腳步。這是強勢分時圖的典型特徵。但在午盤前後，股價向下跌破均價線。

知識加油站

　　盤中由強轉弱的形態常出現在中短線高點，是短線觸頂的訊號，顯示著一波下跌走勢將展開。操作中，投資人應果斷賣出、規避風險。

【形態特徵】盤中走勢由弱轉強

　　如圖3-13，在興化股份2016年12月13日的分時圖中，在早盤階段是分時線的弱勢運行格局，但中午收盤前，分時線向上突破均價線，之後一直保持強勢格局。這是分時圖多空格局由弱轉強的表徵。從日K線圖來看，個股當天處於中短線低點，反彈空間較大。因此，分時圖形態由弱轉強，將出現一波上漲走勢，可積極進場買股。

知識加油站

　　盤中由弱轉強的形態常出現在中短線低點，是短線見底的訊號，表示即將展開一波上漲走勢。投資人應果斷出擊、把握機會。

圖 3-12 》 海鷗衛浴 2016 年 11 月 24 日的分時圖

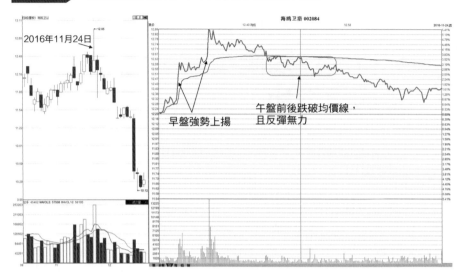

圖 3-13 》 興化股份 2016 年 12 月 13 日的分時圖

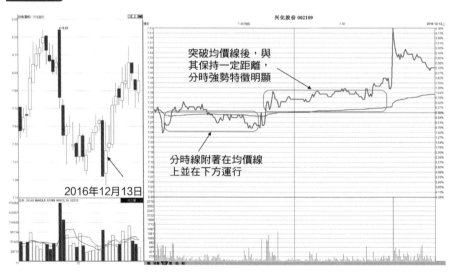

3-3

【市場】個股很少獨強，你得關注類股指數、疊加指數和……

在股票市場中，個股是大盤的一份子，大盤指數反映全部個股。相對地，大盤走勢也深深影響個股走勢。個股走勢有一定的獨立性，但絕大多數個股、在絕大多數時候，它們都是與大盤同步，只是波動幅度大小不同。因此炒股一定要關注大盤指數。

3-3-1 大盤指數深深影響個股的漲跌

看大盤指數

大盤指數既是股市全部個股的一種綜合反映，它也反過來深深影響著個股的走勢。在大盤持續走高的環境下，個股只要沒有明顯利空，也會受帶動而上漲。相反地，在大盤節節走低的環境下，個股如果沒有明顯利多，也難以與大盤走勢相抗衡。

看類股指數

股市中的焦點往往是以類股的形式呈現。有時大盤指數處在小幅波動狀態，不代表所有類股都風平浪靜。這時候，很可能會有某類股在利多消息的刺激下，成為市場焦點。透過類股指數的走勢，我們可以把握局部的焦點所在。

知識加油站

了解類股的概念至關重要，因為股市焦點往往是以類股的形成呈現。此時透過類股指數，我們可以了解到股市當前的焦點在哪裡，進而展開實際的交易操作。

3-3-2 題材會輪換，會在幾天、十幾天結束

關於題材股

消息、題材是刺激個股波段飆升的重要因素。當上市公司公佈利多消息，或是政府發佈產業政策時，主力往往會借機大力炒作題材股。如果我們能夠及時追漲買進，往往可以得到不錯的波段獲利。

雖然題材的類型有很多種，基本上包括：股數增加、政策消息、業績向上修正、增資、產品價格上漲、社會重大事件等。只要是可稱之為焦點的東西，就能在股市中變成題材。

題材的轉換

題材是驅動個股上漲的導火線，在股市運行相對穩定的背景下，幾乎每個時段都會有一個受市場關注、占據市場核心的焦點題材，相關的題材股也大多漲勢強勁，遠遠強於同期大盤。不過，焦點題材一般不會持續太久，會在幾天、十幾天內結束，這就是題材輪換的特性。

對於短線交易，把握題材的能力直接決定短線獲利能力，甚至比技術分析還要重要。我們應該多關注消息面，特別是政策方面的消息，比方說，金融政策、行業補助、區域建設等具體政策，它們經常會成為題材，在股市反映出來。

【形態特徵】

下頁圖3-14所示，為華斯股份2017年4月5日的分時圖。由於清明節期間宣佈設立雄安特區，並提出千年大計，因此清明節後第一個交易日，雄安概念股大幅漲停開盤，題材熱度爆表，而華斯股份也是其中之一。

該股日K線圖上的中短線跌幅較大，有反彈空間，再借助雄安特區這個

圖 3-14 ▶ 華斯股份 2017 年 4 月 5 日的分時圖

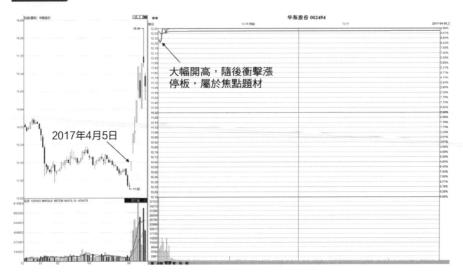

題材,反彈行情一觸即發。當天沒有無量漲停開盤,讓投資人有第一時間追漲買進的機會。

知識加油站

　　焦點題材出現之後,相關個股通常會大幅度開高,甚至無量漲停開盤。由於符合題材的個股往往不只一個,因此投資人應當儘量挑選正面相關,又能第一時間追漲買進的個股。對於很難第一時間追漲的個股,可以考慮放棄。畢竟題材熱度有時間性,這些個股打開漲停板後,短線回落的機率也不小。

3-3-3 用疊加指數,比較出「強勢股」

　　個股的「強勢」,是透過主動上漲展現出來的。在大盤大漲、個股小漲的情況下,漲勢很有可能是被動的。只有透過對比,才能辨識出強弱。因此結合大盤當天的走勢,觀察個股盤中走勢是否更強,也是把握強勢股的重要依據。在實戰中,為了更清晰、直接且即時將指數與個股走勢進行比較,可以採取疊加指數的方法。

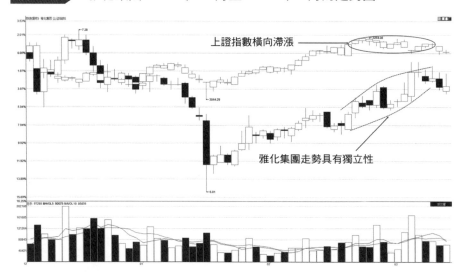

圖3-15　雅化集團 2016 年 12 月至 2017 年 3 月的走勢圖

上證指數橫向滯漲

雅化集團走勢具有獨立性

日 K 線圖疊加指數

在日K線圖上進行疊加，我們可以把握某階段的強勢股。一般來說，若同期大盤橫向整理，而個股卻能緩步上漲、走勢較強，這大多表示有主力資金在買股，短線有上攻潛力，可多加關注。

【形態特徵】

如圖3-15，在雅化集團2016年12月至2017年3月的走勢圖中疊加同期的上證指數走勢，在圖中標注區域內，上證指數橫向滯漲，但同期的該股震盪攀升，走勢具有獨立性。結合該股正處在中短線深幅下跌後低點的實際情況，這種獨立的強勢運行格局可以看作是主力積極介入的訊號。操作上，這類個股的中短線上漲潛力更大，值得關注。

疊加指數不僅能夠把握階段性的強勢股，也可規避弱勢股。如果個股的中短線走勢明顯弱於大盤，表示資金出逃力道較大。這類個股在大盤走勢穩健時，多半出現橫向震盪，一旦市場情緒轉淡，破位下行的機率非常大。

圖 3-16 山西證券 2016 年 4 月至 12 月的走勢圖

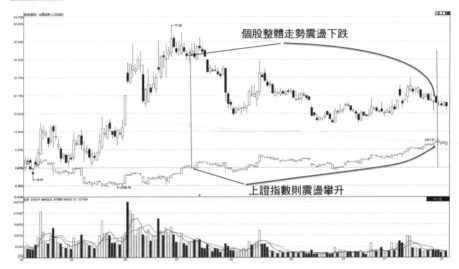

【形態特徵】

　　如圖3-16所示，在山西證券2016年4月至12月的走勢圖中，起初一波強勢上漲具有獨立性，但股價在相對高位區的運行卻開始逐漸弱於大盤。在圖中標注區域內，上證指數一路攀升，該股卻震盪下跌。這是資金出逃的顯著訊號。這類個股的風險較大，中短線應規避，並觀望後續變化。

分時圖疊加指數

　　日K線圖疊加指數，可以把握中短線走向，而分時圖疊加指數，則可以在第一時間內把握機會、規避風險。以交易頻率來看，分時圖疊加指數的手法更適合用來炒短線，特別是在大盤走勢震盪整理時，利用分時圖來疊加指數，能有效規避大多數個股的弱勢行情。

【形態特徵】

　　如圖3-17，在福田汽車2016年11月14日的分時圖中，疊加當天的上證指數。在圖中標注區域，個股出現兩波強勢上揚，而上證指數震盪下跌，可見得該股走勢獨立、強勁。從日K線圖來看，上證指數處在震盪攀升的強勢格局，個股當天的小陽線又使股價呈現突破盤整形態。綜合分析，這種盤中獨

圖 3-17　福田汽車 2016 年 11 月 14 日的分時圖

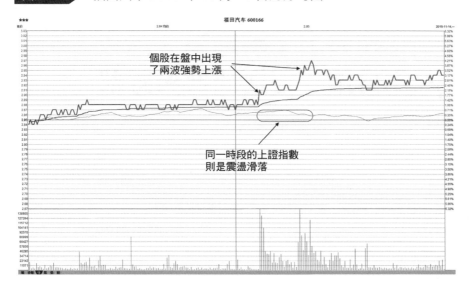

立上揚是一波上攻行情即將展開的訊號。在短線操作上，可以積極進場買股。

知識加油站

　　盤勢疊加指數走勢是一種非常實用的短線分析手法，可讓我們清楚比較個股走勢的強弱。從實際表現來看，盤中強於指數的個股，短線上攻力道還需要結合局部形態綜合分析。盤中運行弱於指數的個股，則應加倍提防風險，特別是在市場較清淡時，這些個股隨時有可能破位下跌。

3-4

【趨勢】了解趨勢3階段劃分法，把握頭部與底部

趨勢不受人的意志轉移，顯示股市存在客觀運行的規律。我們常聽人說「順勢交易」、「逆勢操作」等。若因為受到主觀因素影響，而忽略趨勢，將造成投資上的災難。

3-4-1 市場呈現3種基本走向

股市中的趨勢，就是股價運行的大方向，分為上升趨勢、下跌趨勢、盤整趨勢。

上升趨勢

上升趨勢也稱作牛市。在這種趨勢下，每個後續價位都上升到比前個價位更高的水準，而每次上升途中的回檔所創下的低點，都高於近期前次上升過程中回檔的低點。若用波峰、波谷來比喻，就是處於「一峰高於一峰、一谷高於一谷」的運行過程。

下跌趨勢

下跌趨勢也稱作熊市。在這種趨勢下，每個後續價位都下跌到比前一個價位更低的水準，將股價逐漸壓低，也就是在股價整體向下的運行中，其中的波峰和波谷都低於前一個波峰和波谷。用波峰、波谷來比喻，即是處在「一谷低於一谷，一峰低於一峰」的運行過程。

橫向震盪趨勢

橫向震盪趨勢也稱作盤整趨勢，是個股價橫向波動的過程，呈現波峰與波峰交錯、波谷與波谷交錯。橫向震盪趨勢可能出現在上升趨勢或下跌趨勢中，也可能出現在上升趨勢或是下跌趨勢後期，可說是一個過渡階段，也是股價走勢不明的展現。

知識加油站

市場的趨勢與個股的趨勢並不總是同步，特別是當股市處在橫向震盪趨勢中，個股分歧往往較為明顯，有些因為題材、業績、利多消息等刺激而步入升勢，有些則因不受青睞而步入跌勢。

⏳$ 3-4-2 道氏理論的趨勢三段劃分法

道氏理論將上升趨勢與下跌趨勢各劃分為三個階段，這在某種程度上更細緻地揭示出趨勢運行的過程。理解這種劃分方法，有助於深刻了解趨勢的運行過程和規律。

上升趨勢的三段劃分法

第一個階段是築底階段，往往出現在市場深幅下跌之後。在此一階段，市場投資氣氛往往較為低迷，個股普遍處在低估狀態，持續時間長短與金融政策、外部環境、經濟變化等因素有關。

這時候，有遠見的投資人知道，儘管現在市場蕭條，但形勢即將扭轉，因此購買那些勇氣和運氣都不佳的人所拋售的股票。多方力量開始匯聚，空方賣壓則逐步減輕。隨著多方力量不斷匯聚、市場環境和總體經濟轉暖等因素，一波牛市行情也呼之欲出。

第二個階段是持續上升階段，受益於經濟面好轉、政策面關注，外部資金開始源源不斷湧入，股價走勢也震盪上揚，而且具有很強的持續性。基於市場賺錢效應，更多資金開始關注並進場，推升股價持續走高。

一般來說，這個階段上漲幅度大，是整個上升趨勢的主軸。此時，技巧嫻熟的投資人通常會豐厚獲利。

第三階段是觸頂前的拔高階段，出現在上升趨勢尾聲，是股市的最後衝刺，也是多方力量最後一次集中釋放。隨著個股高估、進場資金枯竭、政策緊縮等因素，股價上揚受到更強的壓力，獲利個股出場速度加快，買盤力量越來越弱，最終促成了趨勢的觸頂與反轉。

在這個階段，股價上揚速度較快，投資人情緒高漲，但風險也在累積。投資人應當見好就收，逐步減少持股並出場。

下跌趨勢的三段劃分法

第一階段是高位區築頂階段，出現在持續大幅上漲之後。此時的股市處在明顯高估的狀態，多方力量不再占據優勢，股價走勢震盪加劇。在這個階段，由於股價走勢的滯漲與市場的高估，有遠見的投資人會在漲勢中拋出持股，空方力量開始匯聚，多方力量則逐步減弱。

第二階段是持續下跌階段。隨著股市賺錢效應減弱、賠錢效應增強，場內資金看見反彈就脫手，外部資金不願意入市，使得股價持續下落。在這個階段，伴隨校正回歸、經濟疲軟、業績下跌、政策緊縮等多重利空消息，投資人處於恐慌之中。這個階段與上升趨勢第二階段正好相對應，此階段持續越久，跌幅往往越大。

第三階段是探底階段，出現在下跌趨勢末期，是股市見底前的最後一兩波快速下跌走勢。一般來說，多半會引發量能明顯異動，說明空方力量正在進行最後匯聚，而且買盤開始有加速進場的跡象。

在這個階段，個股處於相對低估，但股價仍快速下跌，似乎深不見底。這與投資人的恐慌情緒息息相關。一旦走勢站穩、恐慌情緒減弱，真正的底部便呼之欲出。

知識加油站

三階段劃分法幫助我們理解趨勢運行，實際情況通常很複雜，然而「頭部」與「底部」這2個關鍵卻是實實在在的。投資人實戰操作時，除了運用三段劃分法掌握頭部與底部，還要結合個股估值、市場整體運行來做出判斷。

⌛ 3-4-3 用移動平均線，綜合分析個股運行

趨勢的運行取決於2方面，一是已進場資金的趨勢性，二是將進場資金的趨勢性。它們對趨勢的影響力通常各占一半。對於將進場資金的趨勢性，我們需要結合已進場資金的趨勢性、市場變化、估值狀態、政策消息等，進行綜合分析。

已進場資金的趨勢性

所謂「已進場資金的趨勢性」，是指市場平均持股成本的變化趨勢，而這正是移動平均線反映的內容。移動平均線的主要作用就是分析趨勢走向，它透過直接計算不同時間週期內的市場平均持股成本變化，以便間接反映出趨勢運行情況。

移動平均線

移動平均線MA（Moving Average，簡稱均線），是以道氏理論中的移動平均成本概念為核心，採用統計學的「移動平均」原理，計算不同週期市場平均持股成本的變化，反映股價走勢的趨向。

平均線的計算方法

以5個交易日作為計算週期，以Cn代表第n日的收盤價（可以用Cn代表這個交易日的平均持股成本），以MA5（n）代表在第n日計算所得的5日移動平均值，這個數值的涵義為當天在內最近5天的平均持股成本，其公式如下：

MA5（n）＝（Cn＋Cn-1＋Cn-2＋Cn-3＋Cn-4）÷5

將每一天的數值連成曲線，便得出經常見到的MA5。使用同樣方法，還可以計算出15日、30日、60日等不同週期的MA數值。

移動平均線常用的時間週期為5日、10日、30日和60日，其中MA5較能反映短期股價走勢，而MA30較能反映中期股價走勢。

均線多頭形態與升勢

　　均線多頭形態是指，週期較短的均線運行於週期較長的均線上方，整個均線系統呈現向上發散。這種形態的出現是多方力量占據優勢的表徵。結合個股整體走勢，當相對低位區出現多頭形態時，很有機會出現一波升勢並且持續，投資者可以掌握機會。

【形態特徵】

　　如圖3-18所示，在邦寶益智2016年8月至12月的走勢圖中，均線系統由MA5、MA10、MA20、MA30和MA60組合而成。股價一直處在相對低位區的橫向震盪中，隨著震盪持續，週期相對較短的均線開始運行於週期較長的上方。這就是均線多頭排列形態，代表多方開始占據優勢，是展開一波上漲行情的訊號。操作時，應當在第一時間進場並耐心持股。

均線空頭形態與跌勢

　　均線空頭形態是指，週期較短的均線運行於週期較長的均線下方，整個均線系統呈現向下發散，這是空方力量占據優勢的表徵。結合個股的整體走勢，相對高位區出現空頭形態時，很可能出現並持續一波跌勢，必須注意風險。

　　如圖3-19，在偉明環保2016年8月至12月的走勢圖中，該股在高位回落後，先是長時間橫向震盪整理，隨後股價開始下跌，均線呈現空頭排列形態。這是空方占據主動的表徵，也是展開一波跌勢的訊號。

均線纏繞形態與整理市

　　均線纏繞形態是指多根均線上下相互纏繞在一起，若出現在橫向震盪走勢中，代表原有趨勢不明朗。這可能是原有趨勢的中繼整理，也可能是反轉訊號。操作時，必須結合股價的累計漲跌幅，與震盪整理時的股價移動方向來判斷。

　　以偉明環保2016年8月至12月的走勢圖（如圖3-19）為例，圖中標注的均線纏繞形態出現在中短線的高點，而且在震盪過程中股價出現下移。這是多空力量轉變的過程，而均線纏繞形態就是反轉訊號。

圖 3-18 ▶ 邦寶益智 2016 年 8 月至 12 月的走勢圖

MA5 運行在 MA10 上方，
MA10 運行在 MA20 上方

圖 3-19 ▶ 偉明環保 2016 年 8 月至 12 月的走勢圖

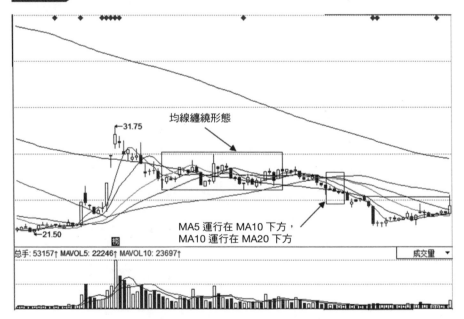

均線纏繞形態

MA5 運行在 MA10 下方，
MA10 運行在 MA20 下方

知識加油站

移動平均線反映的是中期走勢。因此，不必過度關注短線波動，才能更精確地把握趨勢方向。

第 4 章

想要跟著主力炒飆股？
分時圖幫你搭上順風車

4-1

辨別主力操盤的 3 大環節，
你就能掌握大戶資金動向

主力掌握大量資金，往往能搶先市場一步，更深諳投資大眾的炒股心理，常常透過操盤手法製造假像迷惑散戶，達到自己的目的。

因此，主力對於個股走勢往往產生引導、帶動的作用，而散戶唯有發現主力操盤線索、分析主力維繫股價行為，才能在正確時間跟隨主力買股進場，在正確時間獲利了結。

分析主力行為有很多方法，例如：成交量、籌碼形態、K線圖等，但分時圖的實效性更強、短線方向更準確。接下來，將結合主力行為與操盤手法，分析如何透過分時圖的特定形態，來把握主力的動向。

主力透過一系列運作，最終在高位獲利了結，這就是最終目的。要操作哪檔個股，與主力的風格有關，例如：中長線主力偏愛績優股，有業績支撐自然更容易操作；短線主力比較青睞題材股，借助市場的追漲跟風，就能用少量資金驅動個股，達到事半功倍的效果。

4-1-1 了解主力維繫股價的流程

操盤流程，顧名思義是主力維繫某檔個股股價的過程，由多個環節環環相扣。它有一個前後的時間順序，每個環節都是為了下個環節，而最終目的是獲利了結。

簡單地說，主力買賣個股的目的與散戶相同，都是低買高賣、獲利了結，但相對於散戶，主力能夠運用自己的資金與資訊優勢，引導股價走向，讓自己的買賣有更高的勝算。一般來說，這整個過程是有計劃、有步驟的，

也就是所謂的操盤流程。

為了實現低買高賣，主力需要謀劃一番。投資人將主力操盤流程劃分為數個環節，正確識別出個股處於流程中的哪個環節，將有助於精準地進行實際操作。

其中，有3個環節是不可或缺的，就是買股環節（在相對低點建立部位）、拉升環節（建立部位後，拉抬股價），以及出貨環節（在高位區出脫持股）。

 4-1-2 買股：操盤從建立部位開始

在買股環節，是主力買進籌碼、建立部位的一個階段。這時候，我們應關注低位區，因為，主力建立部位時基本都在低位區，但低位區的個股未必有主力建立部位。

一檔個股的流通籌碼數量有限，誰手中掌握的籌碼越多，誰對個股走勢就越有發言權。基本上，想在股市中獲利，必須先低買、後高賣。因此，主力操盤都是從買股環節開始。

不同類型的主力建立部位的方式也不盡相同，中長線主力為了保持較低的持股成本，會在低位區慢慢吸納。短線主力為了保持題材股的市場熱度，往往是建立部位與拉升一氣呵成。

在買股環節，建立部位區域對應著主力持股成本，只有個股隨後有較大上漲空間，主力才會在這個區域建立部位。但是，「低」是個相對的概念，主力常著眼於未來股價走勢，因此我們不能說，一檔已上漲一定幅度的個股，不會有主力建立部位。

知識加油站

買股的標的、數量與時間長短等因素，都取決於主力的具體操盤策略。一般來說，長線主力喜歡佈局有業績增長、有潛力的績優股，而短線主力則往往順應市場焦點，在短期內大量買進題材股。

4-1-3 洗盤為拉抬股價打基礎

洗盤屬於整理環節，但不必然出現。它的出現有一定的偶然性，具有鮮明特徵：短期快速下跌，並伴隨量能大幅萎縮。

洗盤出現在主力買股後、拉升前，是主力清洗之前介入低位區的市場獲利浮籌，確保自己的持股成本最低，為隨後拉升打好基礎。

知識加油站

一般來說，洗盤的時間很短，往往只有數個交易日。「縮量的連續陰線快速下跌」是洗盤時的典型盤面形態。由於主力常會結合大盤回檔進行洗盤，因此投資人需要留意個股的前期走勢是否具有獨立性，來判斷這一波順勢下跌是否源於主力的洗盤。

 ## 4-1-4 拉升：拉抬股價吸引跟風

在拉升環節，主力會拉高股價，以實現高賣低買、賺取價差的真正目的。當主力拉抬個股時，原則上是能夠拉到多高就拉到多高，然後在較高的價位套現出場。

一般來說，主力拉抬股價需要借助週邊因素，例如：上市公司或行業的一些利多、大盤穩定上升等，以減輕拉升環節中的賣壓，並且逐步吸引跟風進場。

知識加油站

拉升環節是主力操盤流程中很重要的部分。很多個股都是以漲停板突破的形式，反映出主力拉升行為，特別是當主力短線炒作題材股時，甚至會出現連續漲停。在實際操作時，投資人結合個股特性，來決定是否在第一時間進場追漲。

 ## 4-1-5 投資人清理浮籌，提升操盤能力

拉升環節中出現清理浮籌，主要是主力為後期繼續拉升創造條件，屬於

整理環節。操作之後，前期介入市場的大部分獲利浮籌都已拋售出場，同時又有大量投資人買股進場。這提高市場的平均持股成本，既奠定主力的操盤地位，也為其隨後繼續拉升個股清除障礙。

時間與空間，是主力清理浮籌時的2個關鍵要素。在時間上講究節奏，若時間太短，就不能達到處理浮籌的預期效果，若時間太長，很難吸引新的投資人跟風追高。

空間是指主力清理浮籌時滶的股價震幅度。一般來說，常凶狠的短線主力清理浮籌時，個股上下波動幅度極大，這會對個股形成巨大壓力，促使投資人在慌亂中出脫。

當穩定的中長線主力清理浮籌時，往往會以短線洗盤的方式，導致股價呈現反覆漲跌，但是通常不會跌破前期低點。如果跌破前期低點，投資人應當時刻關注是否先暫時賣股出場，因為有可能主力是在加大震盪幅度來清理浮籌。

知識加油站

在主力操盤流程中，清理浮籌必然出現。很多主力在拉升時往往是一波到頂，特別是短線炒作題材股。因此，如果個股的中短線漲速較快、漲幅較大，一旦出現滯漲或短線出場訊號，應及時賣出以規避風險。

⏳ 4-1-6 再度拉升，擴大獲利空間

再度拉升出現在個股比前次上漲幅度更大的背景下，若此時大盤走勢較佳、市場上漲氛圍較濃，且主力的維繫股價能力依舊，往往股價會再度飆升，為隨後的出貨創造更理想的價位，有機會賺取更多獲利。

知識加油站

主力再度拉升個股時，為了儘量減少拉抬個股時的資金成本，往往會借助大盤走勢。因此，從形態來看，股價走勢急速、陡峭，短線上衝幅度大，但在高點的支撐力道很弱，容易出現大幅回落。

⏳ 4-1-7 出貨：將帳面獲利變為實質獲利

在出貨環節，主力在高位區出脫手中籌碼進行套現，使帳面的獲利變為實實在在的獲利。因此，出貨是主力維繫股價時的成敗關鍵之一，也是最難的環節，一般都要結合強勢大盤或利多，才能夠順利完成。

通常，短線主力出貨最少需要半個月到3個月。長線主力有時會長達一年以上。當主力開始大量出貨，市場中的籌碼供需會出現變化，個股在震盪中能創出新高，但其原有的整體上升形態也被徹底打破。

知識加油站

在股市氛圍較好的情況下，出貨環節相對漫長。主力會盡力維持個股停留在高位區，但出貨勢必打破原有的多空格局，造成股價上下劇烈波動。此時，結合大盤震盪進行短線波段操作，不失為明智之舉。但隨著個股停留高位區的時間拉長，其破位下跌的風險也隨之增加，因此在進行波段操作時，應控制好部位，買賣部分持股即可。

⏳ 4-1-8 買股、拉升、出貨，環環相扣

如圖4-1，在電科院2016年1月至12月的走勢圖中，先是在低位區長時間橫向震盪整理，這是主力買股的低位區間。

隨著買進籌碼數量增加、股價回暖上升，開始突破低位區，但上漲速度較緩慢。之後趁著大盤震盪，主力操作一次較快速的洗盤、清理浮籌，為隨後快速拉升做準備。此時主力維繫股價能力較強，快速拉升波段的持續時間較長，個股上漲幅度大、速度快。當累計一定漲幅時，主力實施快速下跌出貨，獲利出場。

知識加油站

買股、拉升、整理、出貨並非涇渭分明的單獨環節，很多時候，主力會邊拉升邊買股，或是趁大盤震盪展開低買高賣的操作，以降低持股成本。實戰中，投資人不僅要觀察個股走勢的特徵，更要結合大盤觀察，才能更準確掌握主力的操盤節奏。

圖 4-1　電科院 2016 年 1 月至 12 月的走勢圖

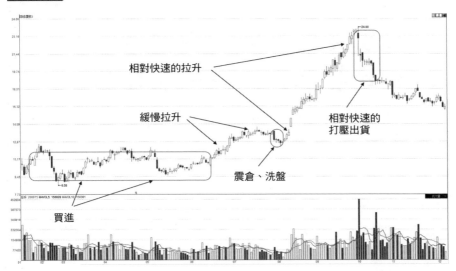

4-2

看透主力操盤的 8 種手法，你也能低買高賣多次獲利

當主力操盤某檔個股時，會具體採用一些買賣手法，例如：股價在低位區成交低迷，而主力想快速建立部位，又不想讓成本過高，就可能實施漲停買股手法，也就是利用漲停板讓股價劇烈波動，來激發多空分歧，隨後趁機快速買進。接下來，將結合分時圖形態，說明主力慣用的操盤手法。

4-2-1 在不同環節，刻意下跌的目的也不同

什麼是刻意下跌？

刻意下跌是指主力集中抛售手中籌碼，造成股價下跌的一種手法，可能出現在主力操盤的任何一個環節。為什麼刻意要讓股價下跌呢？在不同的環節，目的不盡相同。

各操盤環節的刻意下跌目的

在買股環節，刻意下跌可以讓股價盡可能停留在低位區，買到更多低價籌碼。

在整理環節，刻意下跌可讓投資人判斷錯誤，進而抛售出場，達到清洗獲利浮籌的目的，為拉升股價創造條件。

在出貨環節，大幅度刻意下跌，可引發投資人逢低買進的熱情，主力雖然沒有賣出更高價，但節省了出貨時間。在大盤表現欠佳時，未嘗不是個好辦法。

如何判斷刻意下跌的性質

　　刻意下跌的手法將使股價短線跌幅較大，對投資人施加心理壓力，因此更應冷靜看待。我們要結合K線圖、成交量，也要觀察分時圖形態，辨識刻意下跌的性質。

　　買股環節的刻意下跌，一般出現在中長期的低位區。個股之前已出現站穩走勢。在股市不穩定時，中長線主力往往會趁大盤回落，實施刻意下跌，使散戶產生跌勢不見底的錯覺，為自己創造更好的買股價位。

　　整理環節的刻意下跌，出現在個股累計漲幅不大、整體趨勢向上推進時。連續數日的陰線雖使得股價短線跌幅較大，但下跌時量能萎縮，且在低點停留時間短，能夠較為快速收復下跌的失地。

　　出貨環節的刻意下跌，一般出現在累計漲幅較大時。大陰線當天的量能明顯放大，是外部資金集中、快速拋售，往往是主力資金正在出貨。

知識加油站

　　對於盤中快速下跌而形成的大陰線，是主力以刻意下跌的手法吸籌，還是清理浮籌或出貨呢？一般來說，盤中先拉升後刻意下跌，是引誘做多再出貨的手法。對於弱勢盤中下跌，投資人應當綜合分析整體運行特點，再做出判斷。

4-2-2 先拉升後下跌，股價走勢強弱快速轉換

　　（1）早盤階段，出現一兩波順勢上揚。這對應下頁圖4-2的A段走勢。
　　（2）盤中高點快速下落，跌破均價線後無力反攻，持續弱勢至收盤。這對應圖4-2中的B段走勢。

【形態解讀】

　　如圖4-2，在深紡織2017年1月5日的分時圖中，當天出現先拉升後下跌的分時形態。早盤出現兩波上揚，是A段走勢，而隨後全天弱勢下跌，為B段走勢。這通常是主力刻意下跌出貨的表徵。

圖 4-2　深紡織 2017 年 1 月 5 日的分時圖

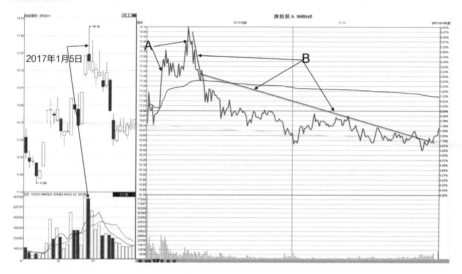

【買賣點判定】

先拉升後下跌是股價走勢強弱快速轉換的一種形態。早盤的強勢拉升，若無法站穩於盤中高點，說明賣壓沉重，應減少或出清持股。

跌破均價線而又無力反轉時，則表示已完成強弱轉換，識別出這種形態後，當股價回升至均價線附近時，應果斷賣出，不可猶豫。

【實戰指南】

（1）借助K線圖來觀察，在圖4-2中，個股短線漲幅較大。這時一旦出現放量陰線，則顯示空方力量快速轉強，顯示將出現回落。

（2）盤中高點快速下跌、均價線無支撐，此時應果斷賣出。在圖4-2中，個股在A段走勢末端出現直線下落。這也是B段走勢的起步，形成「先拉升後下跌」盤勢。結合圖中左側K線圖來分析，顯示主力操作下跌出貨，中短線操作上，應賣股出場。

知識加油站

先拉升後下跌，具有引誘性。由於股價在盤中快速跌落，持股者有逢高賣出的慣性思維，會希望股價能夠再度折返，主力正是利用這種心理，以此

圖 4-3 ▶ 三維絲 2017 年 3 月 15 日的分時圖

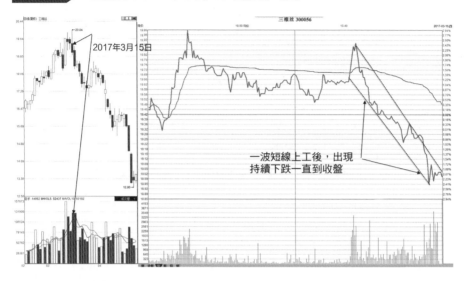

減輕市場浮籌賣壓，自己則不斷拋售。

4-2-3 早盤處於上漲狀態，午盤後急勢下跌

【形態特徵】

（1）早盤至午盤前後，個股走勢平穩，多處在上漲狀態。

（2）收盤前1小時左右，股價急速下跌，而且持續時間長、幅度大、量能放出。

（3）收盤時股價接近全天最低點，收盤時多處在下跌狀態。

【形態解讀】

如圖4-3，在三維絲2017年3月15日的分時圖中，早盤處在上漲狀態，在標示的時段內，短線一波上衝突破均價線，但隨後卻連續下跌。從盤勢來看，下跌波段時間長、幅度大、放量明顯，這就是「午盤後急勢下跌」形態。這種盤勢經常出現在中短線的高點，是主力下跌出貨的訊號，也顯示將出現快速、深幅的下跌。

【買賣點判定】

　　午盤之後，若個股出現放量下滑且反彈無力，就是急勢下跌，也是主力出逃的訊號。若此時個股還處在上漲狀態，當天的下跌出貨空間往往很大，持股者應在第一時間賣股出場。

【實戰指南】

　　（1）結合圖4-3來看，午盤在一波拉升後出現急勢下跌，說明該股在盤中運行平穩，且開始走強之際突遇多空態勢轉換。

　　（2）從圖中左側日K線圖分析，該股的累計漲幅較大，當天量能明顯放大。

　　（3）當主力獲利空間較大、盤勢出現急勢下跌、當天量能明顯放大這3個因素共同出現，可以借助當天日分時圖，準確推斷主力下跌出貨的操作。

　　（4）在識別出這種形態後，應當果斷賣出。至收盤時，盤勢形態已明朗，即使賣在當天低點，從中長線來看，下跌空間仍大，因此收盤前賣出也是可行方案。

知識加油站

　　午盤後的急勢下跌往往與大盤下跌有關。這也是主力看到大盤不穩、將展開回落時，順勢採取的出貨操作。此時，不可誤認為是個股隨大盤的正常波動，即使之後大盤止跌站穩或反彈回升，因主力已展開出貨，個股走勢也將遠遠弱於大盤。

4-2-4 開盤直接下跌，空方力量占據主導

【形態特徵】

　　（1）當天開平或小幅開低，若大幅開低則常伴有利空消息。
　　（2）開盤不久，股價快速下跌，下跌時分時量放量明顯。
　　（3）下跌後在低點股價反彈無力，很難突破均價線。

圖 4-4　　日出東方 2017 年 4 月 24 日的分時圖

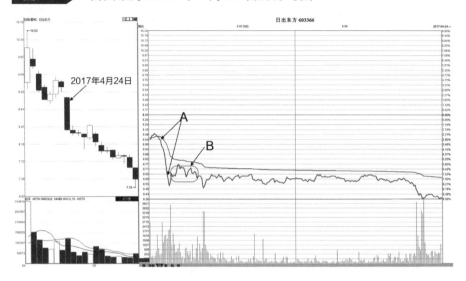

【形態解讀】

如圖4-4，在日出東方2017年4月24日的分時圖的A段走勢中，可以看到該股放量下跌，這是主力操作出貨的表徵。隨後的B段走勢中，股價反彈無力、受均價線壓制，顯示空方力量已完全占據主導地位，多方無力反擊。這是開盤直接下跌出貨的典型盤勢，也是短線走勢向下的訊號。

【買賣點判定】

股價重心下移的背景下，若出現明顯的跳空開低，則是主力出貨加速的訊號。從中長線角度來看，若個股前期有一定的累計漲幅，則應在開盤時果斷賣出，規避趨勢下落的風險。

隨後放量下跌、股價無力回復，明確顯示主力操作下跌出貨。這時候，若非大盤出現大力道反彈，否則個股盤中站穩回升的機率很低，此時應賣出股票。

【實戰指南】

（1）結合圖4-4，圖中左側為該股日K線走勢，個股正處在震盪下跌狀態，此時出現跳空開低，就表示即將出現一波創新低走勢。

（2）開盤後的A段放量下跌走勢，是主力下跌出脫持股的訊號。B段縮量站穩、無力反轉突破均價線，則顯示買盤進場意願低，股價下落態勢底定。

（3）在實戰中，要結合日K線圖來分析早盤放量下跌的趨勢，若個股日K圖呈空方占據優勢，往往有一波加速放量下跌。此時投資人不可遲疑，應果斷賣出。

知識加油站

開盤放量下跌且反彈無力，是個股走勢將短線崩盤的重要訊號。因為主力在開盤就選擇下跌出貨，沒有關注當天的大盤走勢，反映主力出貨行為堅決。

4-2-5 誘空型下跌，主力試探空方賣壓

【形態特徵】

（1）常出現在盤中交易時段。

（2）日K線圖走勢不佳，短線有一定跌幅，但從中線來看，股價有趨於穩定，甚至緩步上漲的趨向。

（3）盤中走勢相對較弱，在大盤下跌帶動下，股價快速下落。分時圖上可見量能放大，但日K線圖仍呈縮量。

（4）在盤中低點停留時間較短，出現回升且幅度較大，盤中走勢轉強並持續到收盤。

【形態解讀】

如圖4-5所示，在北新路橋2017年1月16日的分時圖中，該股在午盤後出現兩波下跌，下跌時雖有量能放出，但日K線圖顯示當天呈縮量態勢，下跌後走勢明顯轉強，顯示多方力量開始提升。結合日K線特點，我們判定這是誘空型下跌。

誘空型下跌多出現在短線大幅調整後的低點，主力借助大盤回落、市場信心不穩，順勢拋出少量籌碼，讓投資人產生恐慌，達到清理浮籌的目的，為隨後的拉升創造條件，也可借此試探空方賣壓。

圖 4-5 　北新路橋 2017 年 1 月 16 日的分時圖

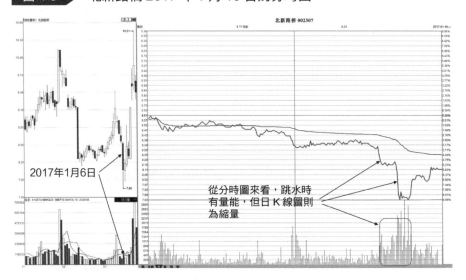

從分時圖來看，跳水時
有量能，但日 K 線圖則
為縮量

2017年1月6日

【買賣點判定】

誘空型下跌當天的盤中下跌走勢，往往使得股價呈加速破位下行形態，僅從分時圖與日線圖難是以判定的，因此，我們要借助另外兩個因素來做出買賣決定。

盤中下跌之後，股價若能夠轉強回升，則是空轉弱、多轉強的訊號。若個股短線已調整幅度較大（接近20%），可以試探買進。若次日站穩，可以加碼進場。

應當注意當天的成交量，誘空型下跌並非主力大力出貨所致，只是主力順應大盤的清理浮籌，因此當天量能呈現縮量。

【實戰指南】

（1）運用圖4-5來分析，觀察左側日K線的趨勢，可以發現呈緩步向上狀態，因此短線的縮量下跌應看作是清理浮籌，而非出貨。

（2）階段下跌時，在圖4-5中左側可以看到，對比前一波上漲波段，這次下跌的縮量特徵非常明顯，這是主力鎖股的表徵。

（3）盤中下跌後，股價明顯有回升傾向。結合個股處於震盪回檔的低點、總體趨勢向上的特徵，判斷短線見底、走勢反轉的機率較大。投資人可

以逐步進場建立部位。

知識加油站

　　單單從分時圖看誘空型下跌，很難區分是否為主力進行下跌出貨的操作，但如果借助日K線圖的整體走勢與量能特徵，就能一目了然。這個利用分時圖展開實戰的關鍵，就是結合分時圖與K線圖，相互驗證個股的量價形態。

⏳ 4-2-6 突擊放量，股價上下波動走勢極端

【形態特徵】

　　（1）突擊放量手法既展現在分時圖上，也展現在日K線圖上。

　　（2）在分時圖上，股價上下波動走勢極端，即經常性出現瞬間飆高、瞬間跌落的情形。

　　（3）成交量明顯異動，盤中股價上下波動大時都有量能放出，而且當天成交量遠遠大於之前的平均水準。

【形態解讀】

　　如圖4-6，在得利斯2017年4月19日的分時圖中，該股當天的波動較為極端，股價上下波動、缺少連續性和平滑性。圖中標注A、B、C、D四段走勢，可以看到股價出現瞬間拉高、回落的波動，而且波動時成交量明顯放大。從日K線圖來看，當天的成交量遠遠大於之前均量。這是突擊放量的常見形態，既展現在盤勢上，也展現在日線圖上。

【買賣點判定】

　　盤勢突擊放量常見在主力出貨環節，一般來說，從日K線圖上來看，此時股價多處於中短線上漲後的高點。一旦在盤勢上出現此種形態，而且當天成交量遠遠大於前期均量，應當果斷賣出，以規避突擊放量後出現的暴跌風險。

得利斯 2017 年 4 月 19 日的分時圖

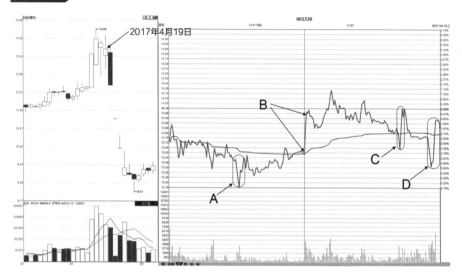

【實戰指南】

　　從日K線圖和分時圖上較容易辨識出突擊放量，但某些個股因中短線上漲形態良好，突擊放量常讓投資人誤以為有新主力進場，進而做出錯誤判斷。接下來，我們再結合一個案例，具體看看這種盤勢突擊放量的形態。

　　如下頁圖4-7，在通程控股2016年7月29日的分時圖中，標注A、B、C、D、E五個盤中波段，從股價的瞬間飆高、下落的形態，以及當天的放量，可以判定出主力操作突擊放量。另外，K線圖上忽大忽小的量能，也是突擊放量的直接展現。

　　在前一個交易日，該股收於漲停板使走勢呈現突破上攻，但中短線漲幅較大、當天突擊放量，是明顯的賣出訊號，投資人應及時賣股出場。

知識加油站

　　盤勢突擊放量打破多空雙方自然的交易過程，從分時圖形態來看，不自然的態勢相當明顯。若配合當天量能放大，可以準確判斷出主力的突擊放量行為，進而決定投資策略。

圖 4-7　通程控股 2016 年 7 月 29 日的分時圖

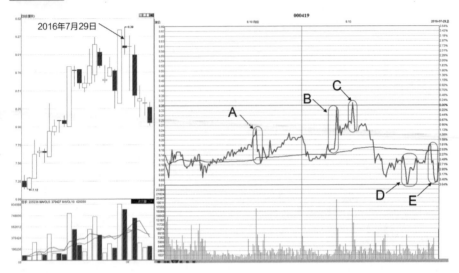

4-2-7 漲停啟動拉升，應及時把握獲利契機

　　當主力拉升個股時，最常用的操盤手法是利用漲停板來匯聚追漲氣圍，並且實現快速拉升。漲停板不僅僅是上漲10%這麼簡單，當個股牢牢鎖住漲停板後，內外部投資人都會對個股的短線上漲態勢，產生較高的期待。基於這種強烈看漲心理，主力會再利用自身的強大操盤力道，輕鬆拉抬個股。

　　因此，在主力拉升個股期間，無論是啟動還是快速推進時，漲停板都扮演重要的角色。以下結合案例來分析，個股如何以漲停開啟一波攻勢。

【實戰指南】

　　如圖4-8，在嘉凱城216年8月4日的分時圖中，早盤A段走勢是一波淩厲的上攻，可看作是主力資金積極拉升的表現。隨後在B段走勢中，該股站穩盤中高點且未出現深幅回落，顯示獲利賣壓不重。C段再度出現順勢上揚，並牢牢鎖住漲停板，直至收盤。

　　早盤順勢上攻，盤中高點賣壓較輕，且能牢牢鎖住漲停板至收盤，這是一種強勢漲停的分時圖。若日K線圖態勢也不錯，往往是主力展開強勢拉升的訊號。從圖中左側的日K線圖可見，個股當天的漲停板使其開始突破整理

圖 4-8 ▶ 嘉凱城 2016 年 8 月 4 日的分時圖

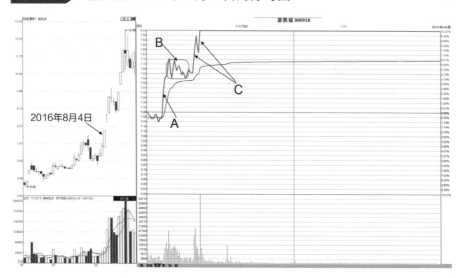

區，結合前期的震盪緩升走勢來看，顯示有主力進場買股。因此，這個漲停板是個機會，一旦打開突破空間，將有一波幅度極大的上升行情。投資人應在第一時間進場追漲，分享主力拉升的果實。

4-2-8 漲停吸引散戶追漲，趁機逢高出貨

當主力操作漲停式出貨，漲停板就不是展開一波攻勢的訊號，而是主力用漲停吸引散戶追漲，然後趁機逢高出貨。

一般來說，漲停式出貨多出現在個股累計漲幅較大、同期市場相對穩健之時。主力利用漲停形成的突破態勢，拉高投資人對個股漲勢的預期，進而實現高位出貨的目的。

既然是出貨，勢必有成交量大幅度放出。主力會在漲停當天或在次日盤中衝高時大力出貨。從日K線圖上可以看到，這種形態下，漲停板後的幾天往往放出天量，成交量遠遠高於之前的均量水準，而股價走勢卻在漲停板後明顯滯漲，量能的放大與股價漲勢不成正比，這正是主力出貨的表徵。

圖 4-9　　重慶水務 2016 年 10 月 13 日的分時圖

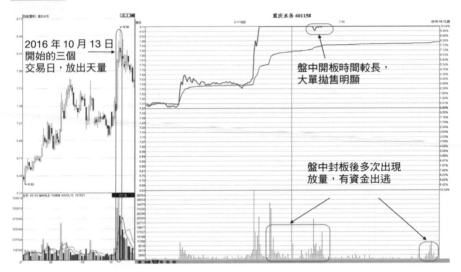

【實戰指南】

　　如圖4-9，在重慶水務2016年10月13日的分時圖中，該股在早盤經過2波順勢上揚後，強勢漲停板。之後大賣單不斷湧現，午盤後更出現長時間的放量打開漲停板，雖然開板幅度很小，但從當天的量能放大效果來看，資金出逃力道強。隨後2天也放出天量，且股價走勢滯漲。

　　結合該股中長期累計漲幅相對較大，且同期大盤走勢滯漲的情形，分析主力為了確保獲利空間，在大盤無明確升勢的狀況下，實施出貨、鎖定獲利，可說是合情合理。此時，投資人應賣出持股，更不可進場追漲。

知識加油站

　　個股啟動漲停還是主力漲停式出貨，有時只從分時圖上難以辨別，但日K線圖上的量價關係則可看得相當清楚。低位區的漲停突破，特別是強勢漲停分時圖的突破，大多顯示主力的拉升行為，而高位區的漲停突破且伴隨天量，則是主力誘多出貨的手法。

4-3

「買股」會出現緩慢放量攀爬、開低高走攀升，還有？

　　買股多出現在中長期低位區，由於主力資金大力買進，在盤勢上會出現一些典型的形態特徵。若能正確識別，可幫助我們把握主力動向，將隨波逐流的大眾股與主力介入的潛力股區分開來，進行投資佈局。

⏳ 4-3-1 盤勢上衝買股式量堆

【形態特徵】

　　（1）盤中運行相對強勢，分時線位於均價線上方。

　　（2）股價走勢出現小幅上衝，上衝時出現明顯的「量堆」。這種形態在當天的盤勢中至少出現兩次。

　　（3）在小幅上衝後的高點，個股走勢較強，未出現深幅調整。

【形態解讀】

　　如下頁圖4-10，在銀龍股份2017年2月10日的分時圖中，標注A、B、C等三段走勢。三段均出現明顯放量，且股價在每次上衝後都能保持強勢，正是主力買股操作的典型盤勢形態。

　　小幅上衝伴隨放量，是主力意在買股而非拉升的表徵。股價能穩定站於盤中高點，是多方力道較強、主力買股前後連貫的訊號。

　　因此，當這類分時圖出現在中長期低位區，而個股近期走勢又具有一定獨立性，多半顯示主力正在買股。此時，應緊跟主力積極買進佈局。

圖 4-10　　銀龍股份 2017 年 2 月 10 日的分時圖

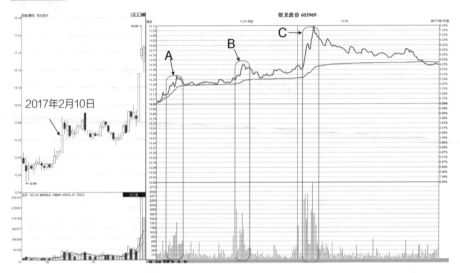

【買賣點判定】

「盤勢上衝買股式量堆」形態出現後，個股往往處於整理區的突破點，既然主力此時志在買股，一般來說不會出現快速上漲。這時不必急著買進，可以多觀察一段時間，看看股價能否站於突破點上。

若股價隨後以整理方式站於突破點，而沒有深幅回檔，說明主力無意給市場再度低位買進的機會。此時，投資人可逢盤中震盪低點買進。

若股價隨後出現深幅調整，則說明主力資金並不雄厚，中短線操作時，個股能否進場取決於大盤走向。

【實戰指南】

（1）結合圖4-10來分析，A、B、C三波上衝走勢，股價不斷創新高，盤中推升時量能也不斷放大，是主力積極進場的訊號。加上個股正處於中長期低點，可以推測出主力買股操作。

（2）在C段走勢後，股價回落幅度較大，至收盤時跌破均價線支撐。這說明此時主力維繫股價能力不是很強，股價很難加速上漲，因此短線追漲的策略並不可取。

（3）隨後數個交易日，從圖中左側日K線圖可見股價強勢整理，保住

突破成果，且期間量能穩定放大。這是資金持續流入，也是主力買股前後連貫的訊號。此時可逐步加碼買進，靜待主力買股後出現強勢拉升。

知識加油站

這種盤勢多半出現在主力中長線投資的個股上，一般來說有資金支撐。在操作中，投資人關注盤勢時，應當結合基本面分析，使投資佈局獲利潛力更大、風險更小。

 # 4-3-2 個股緩慢長時間放量攀升

【形態特徵】

（1）日K線圖上，股價小陽線、小陰線交替出現，使得股價重心緩慢攀升，緩慢上漲。

（2）在開盤後，分時圖顯示股價緩緩攀升直至收盤，收盤價接近當天最高價。

（3）在盤中長時間的緩慢攀升過程中，成交活絡，從分時圖與日K線圖來看，當天成交量也明顯放大。

【形態解讀】

如下頁圖4-11，在上海機場2017年3月13日的分時圖中，自開盤後，股價緩緩上揚，期間放量直至收盤，沿股價的走勢軌跡，可畫一條角度平緩、傾斜向上的直線。當天量能充分放大，正是主力持續買股引發。

這種盤勢形態多出現在績優白馬股上。一般來說，這類個股因為大盤下跌而被錯殺，處於低估狀態。有遠見的中長線主力在此時買進，由於資金實力較強，因此在某個交易日意圖加大買股力道，卻不想過快推升股價，就會出現這種盤勢形態。

【買賣點判定】

這種買股方式既是主力參與、加強維繫股價的表徵，也將逐步推升股價。因此，我們很難看到股價出現深幅調整，往往會在當天收盤價附近做強

圖 4-11　上海機場 2017 年 3 月 13 日的分時圖

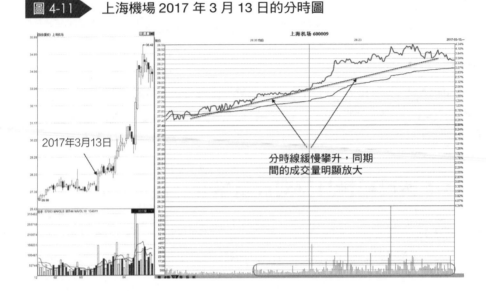

2017年3月13日

分時線緩慢攀升，同期
間的成交量明顯放大

勢整理，而這個整理區間就是進場佈局的時機。

【實戰指南】

（1）在圖4-11中，可以看到股價攀升雖然緩慢，但卻十分穩健，有著明顯的獨立性，顯然是主力持續買進所導致。當天分時量上成交活躍，資金進場積極。

（2）同期的市場較為推崇價值投資理念，績優股表現優異，而該股前期漲幅相對較小，有不錯的上漲空間。因此，中長線主力進場買股，推升股價上漲。

（3）隨後一段時間，該股強勢整理不回落，彰顯主力強大的維繫股價能力，也是投資人進場佈局的時機。

知識加油站

「緩慢長時的放量攀升」盤勢，是主力逐步拉升個股的手法。因此，從日K線圖上可以看到該股穩健上揚的特性。這是我們檢驗此盤勢，是否為主力買股或拉升的重要依據。

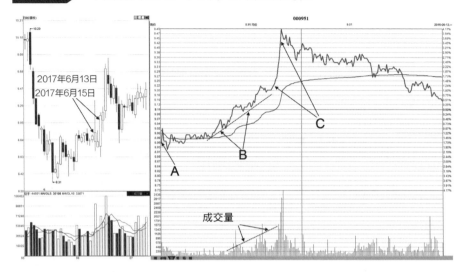

圖 4-12 中國重汽 2016 年 6 月 13 日的分時圖

4-3-3 個股開低走高急遽攀升

【形態特徵】

（1）個股中短期跌幅較大，處於低位區的橫向震盪走勢中。

（2）某日出現明顯開低，開低幅度較大（2%以上）。

（3）開盤後股價上揚，震盪或順勢攀升，盤中走勢強勁。

（4）盤中上漲持續時間長，且同期的量能明顯放大。

【形態解讀】

　　如圖4-12，在中國重汽2016年6月13日的分時圖中，A點開低出現在橫向整理走勢中，開盤後橫向整理，此時股價運行較為平穩。從B段開始，股價節節攀升，C段進一步順勢上揚。整個B段和C段走勢持續時間較長，且成交量明顯放大，是主力買股的典型表現。午盤後，主力買股力道減弱，股價出現回落。

　　如下頁圖4-13，在中國重汽2016年6月15日的分時圖中，開低後迅速衝高，隨後盤中節節攀升，整個早盤上升過程中，成交量放大。這是開低走高買股的表現。

圖 4-13　　中國重汽 2016 年 6 月 15 日的分時圖

【買賣點判定】

開低走高使股價單日波動幅度較大，造成多空分歧加劇，而個股又處於較弱勢的低位震盪整理區，多方力量尚未積聚，因此不宜追漲。若當天盤中走高後，出現較大幅度回落，可以於收盤價買進。若當天盤中走高後回落幅度較小，則最好在下個交易日盤中下探時進場。

【實戰指南】

（1）結合圖4-12分析，在C段上衝最高點時，股價盤中漲幅較大，超過4%，隨後大幅回落，收盤時漲幅只有0.5%。短線未出現明顯上漲，因此可以在收盤時，進行中短線買股操作。

（2）由於這種開低走高買股形態剛剛出現，而主力買股又有明顯的過程，在買進時可以採取分階段進場的策略。

（3）因為該股在2016年6月15日（如圖4-13所示），再度出現開低走高的買股盤勢，可進一步確認主力進場買股，由於當天盤中衝高後股價未見回落，可以在次日盤中低點進場加碼。

知識加油站

　　開低走高的買股盤勢若在低位震盪區反覆出現，顯示主力的買股力道較大。隨後一旦突破低位震盪整理區，則上行空間較大。在佈局後，只要個股未達到設定的停利點，投資人應耐心持有，不應該過早賣股出場。

4-4

「拉升」有開盤拉升測試、早盤飆升啟動等 3 種形態

4-4-1 先拉升再降低買進力道，測試市場賣壓

【形態特徵】

（1）個股之前處於中短期的橫向整理走勢中。

（2）當天開盤後，股價快速上漲，大買單連續進場推升股價。

（3）短時間推升後，在盤中高點長時間橫向整理。

【形態解讀】

如圖4-14，在隴神戎發2017年4月26日的分時圖中，A段為開盤後的強勢拉升，B段則是全天的長時間橫向震盪。主力在拉升個股時，一般會選擇在早盤階段，特別在升勢剛起步時，多透過早盤拉升至盤中高點，隨後減小買進力道，藉此測試市場賣壓。

【買賣點判定】

開盤後一波強勢拉升，勢必會加重獲利賣壓。一般會出現兩種情況，投資人應根據實際情形來把握買進時機。

如果開盤後的強勢拉升，可使得股價穩定站於均價線上方，持續強勢運行至收盤，則說明市場賣壓較輕、主力維繫股價能力強且拉升意願強烈。這時個股短線上攻勢頭較強，投資人可適當進場追漲。

如果開盤後的拉升引發較重的賣壓，股價逐波下滑至均價線下方，則說明市場逢高賣股者多，主力一般不會逆勢而為。因此，可以再多觀察幾天，

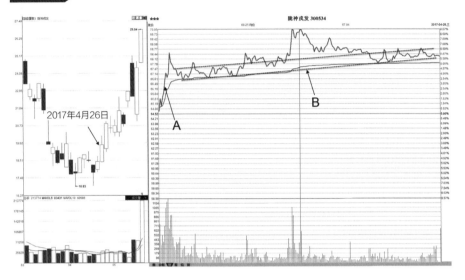

圖 4-14　隴神戎發 2017 年 4 月 26 日的分時圖

儘量選擇回檔低點買進，以免追漲時套在短線高點。

【實戰指南】

　　（1）觀察圖4-14，早盤拉升A段走勢較為強勁，隨後B段股價一直穩定站於均價線上方，盤中走勢強勁，收盤時股價接近全天高點。這是一個短線強勢的分時圖，也是多方占據優勢、主力有意拉升的訊號。

　　（2）從圖中左側的日K線圖來看，個股處於低位區整理後的突破點，無論是反彈還是反轉，中短線都有一定的上漲空間，而且當天分時圖形態也是主力拉升的訊號。

　　（3）綜合來看，日K線圖有上漲空間，分時圖顯示主力拉升、股價啟動上揚，且市場獲利賣壓較輕。此時，投資人可以追漲進場。

知識加油站

　　對於這種盤勢形態，建議投資人要結合日K線圖。既然稱作「起步點」，對應個股之前的中短線漲幅一定要很小，而且當天的開盤拉升使個股在日K線圖呈現突破態勢。

4-4-2 早盤大買單進場，啟動大幅飆升

【形態特徵】

（1）早盤階段，出現一波極為順勢的飆升走勢，幅度較大。

（2）早盤飆升時，分時量放大明顯，大買單進場有很好的連貫性。

（3）隨後的盤中運行相對強勢，股價沒有大幅跌破均價線。

【形態解讀】

　　如圖4-15，從中國化學2016年10月14日的分時圖，可看到開盤後走勢平穩，但10:30左右，在連續大買單的推動下，出現一波幅度大、順勢飆升的態勢。結合該股之前的震盪站穩和短線上揚來看，可以將當天早盤飆升走勢視為主力拉升個股的訊號：個股有望突破震盪區，展開上攻行情。

【買賣點判定】

　　早盤飆升勢必引發短期多空分歧加劇，使盤中高點的賣壓明顯增強。我們可借助當天飆升後的盤勢運行情況，來把握中短線進場時機。

　　如果在早盤飆升之後，個股能穩定站於均價線上方，且不向下回落依附均價線，顯示主力維繫股價能力較強、市場短線賣壓較輕，主力對個股的拉升可望延續，投資人可適當進場追漲。

　　相反地，如果在早盤飆升之後，個股回落並向下跌破均價線，顯示短線賣壓較大，且在隨後幾個交易日出現回檔的機率較大。投資人最好在次日或隨後兩天，逢低進場買股。

【實戰指南】

　　結合圖4-15來看，中國化學早盤飆升幅度大，且上揚形態十分順暢，說明主力拉升力道較大。但在盤中高點失去支撐，股價下滑至均價線下方直到收盤。顯示當天逢高賣壓較重，需要短線回檔整理。

　　可見得，當天並非追漲進場的理想時機，但由於該股短線漲幅不大，當天的順勢飆升使得該股呈現突破啟動態勢。因此，若大盤穩健，個股短線回落幅度不會很大，次日或第三日是較理想的進場時機。

圖 4-15 ▶ 中國化學 2016 年 10 月 14 日的分時圖

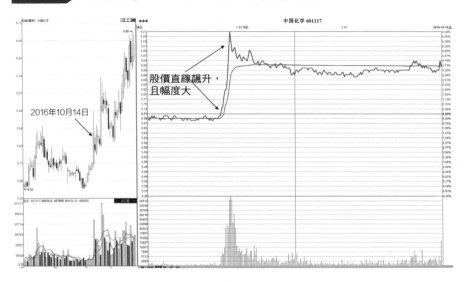

知識加油站

　　早盤飆升啟動常見於維繫股價能力較強的主力身上，因為主力若真正有意拉升個股，一般不會選擇尾盤偷襲。因此，配合日K線圖與早盤飆升形態，判斷主力拉升行為較為可靠。

4-4-3 速度緩慢但持續性強，盤中節節攀升

【形態特徵】

　　（1）從日K線圖來看，當天的大陽線呈現個股突破低位盤整區。

　　（2）個股在早盤階段開始震盪上揚，攀升速度緩慢但持續性強，節節攀升的走勢格局持續到收盤。

　　（3）將震盪攀升波段的低點相連，會得到一條45°角向上直線。

【形態解讀】

　　如下頁圖4-16，在深圳燃氣2016年6月28日的分時圖中，開盤後走勢平穩，在10:30左右開始震盪攀升，股價節節上揚。這種節奏持續到收盤，當

圖 4-16 深圳燃氣 2016 年 6 月 28 日的分時圖

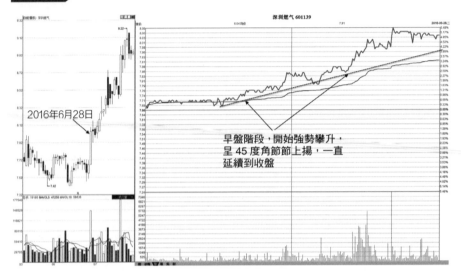

早盤階段，開始強勢攀升，
呈 45 度角節節上揚，一直
延續到收盤

天長陽線使股價一舉突破低位整理區。根據盤勢形態再結合日K線圖，可以
判斷為低位多方力量蓄勢充足、主力展開拉升的訊號。

【買賣點判定】

在長陽線突破當天，若股價能站穩均價線上方，與均價線保持一定距
離，顯示市場賣壓較輕，投資人可以在當天或次日追漲買進。相反地，最好
多觀察2天，逢短線回落時再買進。

【實戰指南】

結合圖4-16，分時線在盤中向下回落時，始終與均價線保持一定距離，
而且個股短線漲幅小，突破形態剛出現。此時大盤運行相對穩健，隨後出現
明顯回落的機率較低。在操作上，當天或次日是買股佈局時機。

知識加油站

個股突破形態若有良好的業績配合，成功率將大大提升，而且這種盤勢
拉升形態，常見於中長線主力的操盤流程。

4-5

「出貨」呈現盤中走勢
節節下行、漲幅區震盪……

4-5-1 帶量下跌主力出貨

【形態特徵】

（1）開盤或盤中出現幅度較大的下跌走勢。

（2）下跌時的股價下滑速度較快，與飆升時的上揚形態正好相反，成交量放大明顯。

（3）盤中低點個股反彈力道弱，且量能明顯小於下跌時。

【形態解讀】

帶量下跌是主力出貨行為的盤勢表現。當個股遇利空消息或大盤走勢較弱時，主力往往會以空間換時間，透過壓低股價、吸引逢低買盤的方法，實現快速出貨。由於主力出貨力道較大，而承接者多為市場散戶，因此下跌後走勢顯得無力，空方占據完全主動。

如下頁圖4-17所示，在金風科技2017年3月30日的分時圖中，可以看到早盤大幅下跌且有巨量放出，隨後盤中走勢較弱，這是帶量下跌出貨的典型盤勢。這種放量下跌的波段，多出現在早盤開盤時段。

【買賣點判定】

放量下跌是大筆資金出清的訊號。若個股中短線已有一定漲幅，顯示深幅調整甚至是行情反轉即將來臨，且下跌出清往往會造成股價短線崩盤。在操作上，持股者應第一時間賣股出場，以規避風險。特別是當大盤走勢較

圖 4-17　金風科技 2017 年 3 月 30 日的分時圖

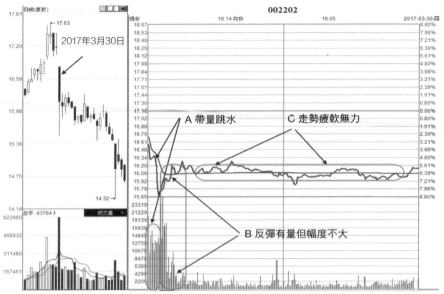

弱，主力出貨與系統性風險雙重發酵，若不能第一時間出場，很可能陷入長期套牢。

【實戰指南】

以圖4-17進行以下分析。

（1）在A段走勢股價大幅開低，形成跳空缺口，且開盤後股價又快速下跌且伴有巨量，說明主力出貨意願堅定。

（2）B段走勢反彈至均價線上方，但量能明顯縮減，顯示多方反攻力道遠遜於空方力量。

（3）C段走勢圍繞均價線，雖然此時股價停止下跌，但這只是因為主力在盤中低點出貨的力道減弱。

（4）綜合來看，A段走勢已顯示走勢方向，也展現主力的下跌出清操作。由於當天是啟動的第一個交易日，後續仍有較大下跌空間。因此，投資人應在當天就賣股出場。

知識加油站

在大盤低迷、個股眾跌的背景下，不應對手中缺乏上漲動力的個股，抱持過大希望，因為隨著行情持續低迷，主力隨時可能大舉出貨。比較穩當的策略是提前出場，而不是等到盤勢出現明顯下跌時才賣出。

 4-5-2 盤中走勢節節下落，得果斷賣出

【形態特徵】

（1）從早盤或盤中開始，股價開始震盪下落，雖然速度不快，但一直持續，往往延續到收盤。

（2）在震盪下落的過程中，經常出現因股價下滑而引發的放量。

（3）從日K線圖來看，當天成交量相對放大。

【形態解讀】

主力的出貨行為勢必改變多空力量對比格局。當主力出貨較為緩和，而市場做多氛圍不濃郁時，股價盤中下跌速度雖然不快，但有很強的持續性，往往以「盤中走勢節節下行」形態表現出來。

如下頁圖4-18所示，大立科技2017年4月10日的分時圖中，早盤開始後，股價不斷下落直到收盤。個股當天收於中陰線，且成交量相對放大，這正是主力持續出貨的展現。

【買賣點判定】

在中短線上漲後的高位，或是長期盤整後，個股若出現這種盤勢形態，往往顯示主力已開始出貨。特別是在技術形態上呈現破位時，更預示一波下跌行情即將展開，投資人應及時賣出持股。

【實戰指南】

主力一旦選擇某種出貨手法，通常會持續使用。當個股在短短幾個交易日內接連出現「盤中走勢節節下行」盤勢，投資人應果斷賣出持股，以規避風險。

圖 4-18　大立科技 2017 年 4 月 10 日的分時圖

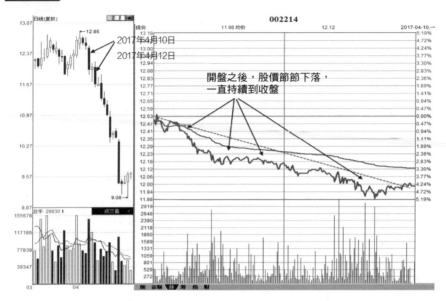

以大立科技為例，繼2017年4月10日之後，在2017年4月12日再度出現這種盤勢，如圖4-19，A段走勢中雖然有一波上衝，但時間短、幅度小，更是一種誘多的展現，隨後B段走勢持續全日，這是主力真實行為的展現。

知識加油站

盤中走勢節節下探，是極為弱勢的展現。股價在盤中無明顯反彈，且往往在某個時間點引發短線大力出逃，進而造成股價加速下跌。因此，在發覺這種盤勢後，不必等到收盤，應在第一時間果斷賣出。

 ## 4-5-3 漲幅區震盪出貨

【形態特徵】

（1）開盤後出現快速上漲，漲幅相對較大。

（2）隨後盤勢走勢呈現弱勢，股價震盪下跌，長期處在均價線下方。

（3）盤中震盪下跌時往往有量能放出，日K線圖上顯示當天放量。

圖 4-19 　　大立科技 2017 年 4 月 12 日的分時圖

【形態解讀】

　　主力出貨時不一定要壓低股價。當市場人氣相對暢旺、有跟風追漲時，主力在開盤時快速拉高股價，會讓個股在上漲狀態下陸續出清籌碼。由於股價處在上漲狀態，持股者往往會忽略主力的出貨行為。

　　如下頁圖4-20，在廣深鐵路2017年4月12日的分時圖中，可以看到開盤後股價快速衝高，隨後全天走勢較弱，始終受到均價線壓制，股價一路震盪下滑。從日K線圖可知，當天量能明顯放大，收於長上影線。這是主力在漲幅區不斷出貨而形成，到收盤時，開盤的拉升成果也消失殆盡。

【買賣點判定】

　　這種盤勢常出現在震盪區的突破點，開盤快速衝高給人「個股將突破、展開一波上攻行情」的感覺，進而對未來走勢抱有較高期望。主力利用這種心態快速出貨。收盤時，個股漲幅區震盪出貨的盤勢已較明顯。投資人應順應股價走勢轉變，及時調整策略，賣股出場。

圖 4-20　廣深鐵路 2017 年 4 月 12 日的分時圖

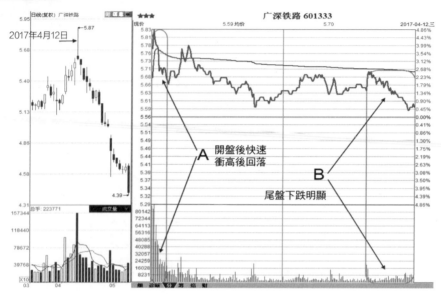

【實戰指南】

結合圖4-20進行以下分析。

（1）A段走勢衝高後快速下跌，大幅跌破均價線，並伴隨巨量，這是主力趁市場追漲資金進場，快速出貨形成的盤勢，顯示隨後盤中走勢將以震盪下跌為主。

（2）隨後股價出現反彈，一度突破均價線，但無法站穩。當再度跌破均價線時，應當及時賣出持股。

（3）收盤前B段一波下跌走勢，持續時間長，而且期間量能放大，這是主力陸續出清籌碼所形成。

知識加油站

除了關注盤中出現這種震盪下跌出貨形態之外，還應結合當天放量程度。一般來說，當天量能放大越明顯，個股隨後的短線跌勢越迅猛，短線持股的風險也越大。

第 5 章

結合成交量與分時波動，
做短線積小勝為大勝

5-1

「量堆式波段上衝」， 是主力盤中積極買進的訊號

盤中的分時量價形態，結合分時線波動，就是盤勢的量價關係。這展現主力行為與多空交鋒情況，顯示股價的短線走向。了解並掌握盤勢量價形態，是運用分時圖進行實戰操作的重要手法。

5-1-1 量堆推升股價節節攀高

【形態特徵】

（1）堆量推高：股價如同邁著台階向上漲，每一波快速上揚時，都出現一個量能堆。

（2）橫向運行：在推升後的高點強勢橫向運行，是一個過渡整理。

（3）再度推升：再度出現量能堆，又推升股價至盤中新高點。

【形態解讀】

堆量推升節節高也稱作台階式上揚，是中長線主力慣用的拉升手法之一。這種盤勢量價形態下的股價上漲打底堅實，盤中高點買盤承接力道充足，市場賣壓不重。若個股累計漲幅不大，或是處於盤整後的突破點，將展開一波上漲行情，短線交易有一定獲利，中線上漲空間也相對可觀。

股價如同邁著台階向上漲，每一波快速上揚時出現一個量能堆，隨後在推升後的高點強勢橫向運行，這是一個過渡整理。再度出現量能堆，又推升股價至盤中新高。

如圖5-1，在水晶光電2017年2月13日的分時圖中，出現三次較為明顯的

圖 5-1　水晶光電 2017 年 2 月 13 日的分時圖

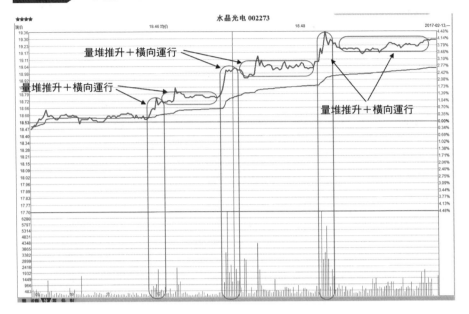

上漲，每次上漲都有一個量能堆，且在每次上漲都能強勢站穩高點，使股價在盤中不斷走高，這就是圖中標注的3個「量堆推升＋橫向運行」組合。

　　一般來說，在出現兩次這種組合之後，就可確認個股出現「堆量推升節節高」的形態，是主力積極運作的訊號。

【買賣點判定】

　　堆量推升節節高形態下，股價在盤中上揚後回落的可能較小。投資人發現這種形態後，只要當天上漲幅度不超過5%，則風險較小，可以進場追漲。一般來說，盤中第二次出現的「量堆推升＋橫向運行」，能讓我們確認這種形態。

　　在圖5-1中，第二次出現量堆推升＋橫向運行時，可以在橫向走勢中進場買股。若當天盤中漲幅超過5%，且接近收盤時間，可以在次日盤中震盪逢低買進。這種盤勢並非短線飆升的訊號，而是出現一波行情的表徵。

圖 5-2　　水晶光電 2016 年 12 月至 2017 年 2 月的走勢圖

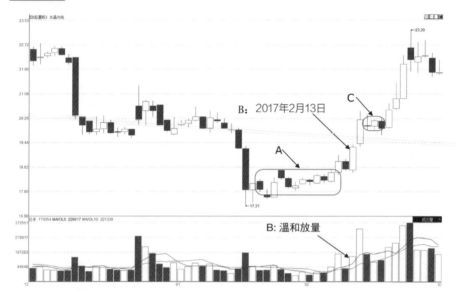

【實戰指南】

（1）盤整蓄勢後出現「堆量推升節節高」，是更可靠的上漲態勢，買進風險會更小。如圖5-2的A區域，就是一個低位蓄勢區。

（2）「堆量推升節節高」出現當天，以中陽線為宜，如圖5-2的B點。因為當天漲幅不大，盤中一旦識別出這種量價形態，就可以買進。

（3）關注當天成交量大小，當天放量以溫和為宜，過大量能顯示賣壓較重，短線或有回檔。如圖5-2所示，B點量能顯示當天成交量溫和放出。

（4）短線買進後，若股價如預期上漲，但短線漲幅較小，會出現整理，如圖5-2中的C點，此時應該按兵不動。這是因為「堆量推升節節高」形態常見於中長線主力投資的個股，所以不必期待短線飆升，買進後應當保持耐心。

知識加油站

堆量推升節節攀高，股價推升時的堆量與隨後橫向運行時的量能，會有較鮮明的放量、縮量對比效果。如果效果不明顯，大多顯示盤中賣壓較強，短線最好觀望。

⏳ 5-1-2 後量超前量，結合當天漲幅決定是否進場

【形態特徵】

（1）盤中先出現一波小幅放量上衝，隨後股價穩定運行在均價線的上方。

（2）股價再度出現放量上衝，幅度相對較大，而且量能明顯大於前一波上衝。

（3）第二次上衝後，股價仍然穩定運行在均價線上方，沒有出現大幅回落。

【形態解讀】

第二波上衝時量能大於第一波上衝，就是後量超前量。兩波放量上衝展現主力拉升個股動作的連貫與強烈。若股價能站穩盤中高點，是買盤進場積極、多方力量充足的表徵。因此只要日K線圖良好，在主力運作下將展開一波上攻行情。

如下頁圖5-3，在金浦鈦業2017年2月21日的分時圖中，B段上衝走勢的量能大於A段，呈現出後量大於前量的盤勢。

【買賣點判定】

當後量大於前量，要結合個股當天的漲幅來決定買賣時機。一般來說，若當天漲幅小於5%，且短線上漲幅度不大，當天收盤前可以進場追漲。相反地，若當天漲幅較大，可以觀察一、兩天，再逢低點進場，避免短線追漲被套。

【實戰指南】

結合圖5-3進行以下分析。

（1）B段走勢放量充分，漲幅較大，隨後的回落沒有靠近均價線，且與均價線保持一定距離，是一種強勢形態。

（2）當天收盤時漲幅只有3%，個股短線未見明顯上漲。

（3）操作時，當天收盤可以買進追漲。

圖 5-3　　金浦鈦業 2017 年 2 月 21 日的分時圖

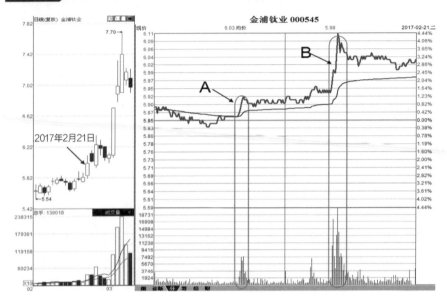

知識加油站

　　在後量超前量的形態中，第二波上衝時，量能是否充分放大、能否站穩於盤中高點，是我們考量是否短線追漲，以及分析主力拉升意願是否強烈的關鍵資訊。

5-2

「帶量下跌震盪」的 2 個類型，各自具有什麼涵義？

⏳ 5-2-1 突破前帶量下跌震盪

【形態特徵】

（1）日K線圖上，個股呈緩慢攀升。

（2）當天早盤個股處在上漲狀態，走勢相對較強。

（3）突然出現連續大賣單導致股價快速下跌，但在低點停留時間短，股價回升並向上突破均價線。

（4）隨後盤中股價走勢震盪攀升，上漲時的量能顯著大於之前的下跌波段。

【形態解讀】

K線圖上緩慢攀升顯示多方占據主動，當天盤中下跌持續時間短、收復失地快，且下跌時量能明顯小於震盪上揚波段。結合個股總體運行態勢與當天盤勢量能效果來看，這是主力拉升個股前的操作，目的是測試市場跟風賣壓的情況。由於下跌後盤勢走勢強勁，顯示主力牢牢掌握主動權，市場實質賣壓較輕，個股有望在主力運作下展開上攻行情。

如下頁圖5-4，在皖通高速2016年11月4日的分時圖中，在早盤B段走勢中，該股下跌具有突發性但持續時間短，隨後立即收復下跌失地。結合當天盤勢整體表現和日K線圖，可以判斷這是主力拉升前的洗盤行為，是投資機會。

圖 5-4　皖通高速 2016 年 11 月 4 日的分時圖

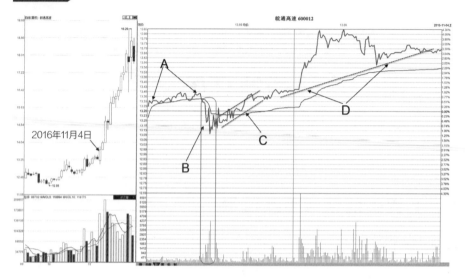

【買賣點判定】

拉升前帶量下跌，是主力有意快速拉升個股的強烈訊號，一旦主力盤勢測試效果較好，隨後往往就會展開強勢拉升。因此在操作上，應在第一時間進場買股，因為大盤如果沒有出現深幅調整，這類個股短線很難下跌。要是猶豫不決，很可能錯失買在反轉點的好機會。

【實戰指南】

結合圖5-4進行以下分析。

（1）日K線圖上正處在緩慢牛市上升態勢，雖然漲勢不快但具有較強的獨立性。這正是主力積極運作個股，使走勢自成一格的結果。

（2）當天盤中，A段走勢處在上漲狀態且較為強勢，符合個股的趨勢特徵。如果忽略B段的短暫下跌，將A、C、D段走勢相連，可以看出這是個強勢上漲的分時圖，顯示出主力的拉升行為。

（3）B段下跌很短暫，且量能明顯小於D段強勢上揚波段，說明下跌時的賣單遠小於拉升時的買單。這展現出主力少量賣單下跌洗盤、大量買單進場拉升的操作行為。

（4）因為個股短線漲幅小，所以當天收盤前就應該進場買股，避免錯

失機會。

知識加油站

　　此種盤勢形態常出現在中線主力維繫股價，且有實際業績的個股身上。當天下跌洗盤後的上漲，往往會使走勢呈現突破狀態，顯示將展開一波上攻行情。但這種日K線形態較為常見，若沒有可靠的盤勢形態支撐，貿然追漲成功率並不高。

5-2-2 反轉前帶量下跌震盪

【形態特徵】

　　（1）日K線圖上，個股中短線跌幅較大。
　　（2）當天開盤後呈現持續弱勢運行，處在下跌狀態。
　　（3）盤中再度出現快速下跌，下跌持續時間短但有量能放出。
　　（4）隨後盤中走勢轉強，股價震盪回升，不僅收復下跌失地還能震盪攀升，收盤時股價接近當天高點。
　　（5）從日K線圖來看，當天成交量未明顯放大，處在相對縮量狀態。

【形態解讀】

　　持續下跌趨勢中出現盤中下跌，是下跌格局的延續，但盤勢中短暫下跌、伴隨強勢的反轉回升，是多空力量對比開始轉變的訊號。這也往往是個股走勢反轉前，主力在做下跌整理，意在清洗不穩定的短線投資者，為隨後反轉拉升打基礎。

　　如下頁圖5-5所示，在金圓股份2017年1月17日的分時圖中，B段的下跌走勢出現在中短線下跌後的疲弱盤勢中，隨後強勢反轉回升則顯示空方力量已然不足，是短線反轉的訊號。

【買賣點判定】

　　這是在中短線下跌格局中的逢低形態，若沒有明顯利多消息，個股雖然很難出現V形反轉，但反轉前往往會出現短線站穩。因此，下跌整理當天並

圖 5-5　金圓股份 2017 年 1 月 17 日的分時圖

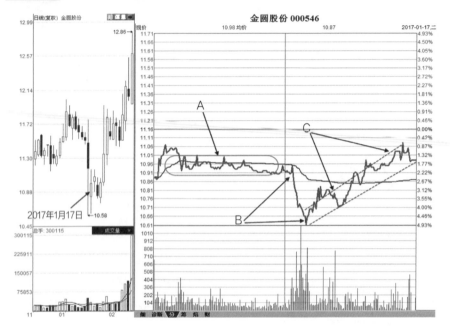

非最好的逢低買進時機。建議再觀察兩天，如果個股能站穩短線，可以買股佈局。

【實戰指南】

結合圖5-5進行以下分析。

（1）當天出現在短線跌幅較深的低點區，是中短線有支撐的位置點，一旦分時圖出現反轉訊號，逢低進場的成功率較高。

（2）A段弱勢格局顯示空方依然占據主動，此時不宜進場。

（3）B段下跌走勢帶有量能，但從日K線圖來看，當天並未放量，因此不算是放量下跌，空方賣壓並不沉重。

（4）C段反轉回升波段持續時間長、力道較大，打破原有多空力量對比格局，是中短線有望反轉的明顯訊號。由於當天收盤時，個股仍處在下跌狀態，短線逢低風險相對較小，因此當天收盤時，投資人可以買股進場，並在隨後兩天的回穩震盪中適當加碼。

知識加油站

在下跌格局中準確逢低買進的難度較大。操作時，以保本原則出發，投資人應當控制部位，在買進部位處於獲利狀態後，再進行加碼操作。

5-3

「尖頂式放量折返」出現時，
應該果斷賣股出場

5-3-1 開盤尖頂放量

【形態特徵】

（1）開盤後，股價出現快速上衝、快速滑落的尖頂形態。

（2）尖頂構築時間短，但是量能放大明顯，可以從日K線圖看到放量效果。

（3）尖頂折返後，股價失去上漲動力，均價線形成壓力，盤中股價震盪回落一直延續至收盤。

【形態解讀】

這種盤勢形態常見於短線高點，或是盤整後的突破點。出現放量尖頂有兩種可能，一種是主力刻意放量的結果，意在吸引追漲者進場。另一種是快速拉升時遇到大量拋售的結果，這往往是主力出貨所致。無論是哪種情形，股價隨後的持續滑落，顯示空方力量已占據優勢，將出現一波下跌行情。

如圖5-6所示，在中國中期2017年2月17日的分時圖中，A段的快速上漲與B段的快速回落，形成一個開盤後的尖頂反轉，且出現明顯放量。

【買賣點判定】

開盤後的放量尖頂形態，顯示股價走勢出現反轉，股價也將在均價線的壓力下逐步下滑。因此在圖5-6中的B段走勢之後，當股價反彈至均價線附近時，應果斷賣股出場。

中國中期 2017 年 2 月 17 日的分時圖

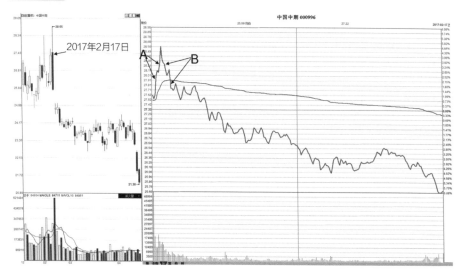

【實戰指南】

結合圖5-6進行以下分析。

（1）當天開盤後的尖頂形成時，量能放大明顯，從日K線圖上可看到明顯放量，說明尖頂引發大量資金出逃。

（2）個股的前期漲幅較大，早盤的衝高雖有突破之勢，但隨後的反轉，代表更有可能是主力誘多出貨的一種手法。

（3）當發覺到這種尖頂反轉形態，應果斷賣股出場。

5-3-2 盤中尖頂放量

【形態特徵】

（1）盤中運行階段，股價出現快速上衝。

（2）尖頂構築時間短，但量能放大明顯，可以從日K線圖上看到放量效果。

（3）尖頂折返後，均價線形成壓力，股價震盪回落至收盤。

圖 5-7　　瑞和股份 2016 年 11 月 23 日的分時圖

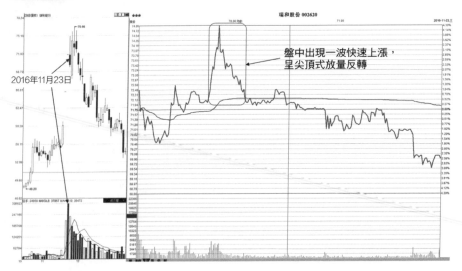

【形態解讀】

從尖頂形態的構築過程來看，它與前面的「開盤尖頂放量」相似，不同的只是出現的時間點，一個出現在早盤開盤後，個股因震盪回落的盤中時間更長，收盤時的跌幅往往也更大，而另一個出現在盤中，都是顯示短線下跌行情開啟的訊號。

如圖5-7，在瑞和股份2016年11月23日的分時圖中，放量尖頂形態出現在盤中，隨後的盤勢走勢也是震盪滑落至收盤。

【買賣點判定】

盤中放量尖頂形態的出現，顯示股價走勢已經反轉，股價將在均價線的壓制下逐波下滑。因此，在尖頂放量反轉的右段快速回落走勢後，股價反彈無力，投資人應果斷賣出。

【實戰指南】

結合圖5-7進行以下分析。

（1）盤中的上衝與回落較為迅速，構成一個尖頂反轉形態，從盤中看不出放量效果，但從左側的日K線圖上，可發現個股當天放出巨量。因此，

尖頂形態的出現會引發巨量交易。

（2）尖頂形態後，該股走勢疲弱，均價線對其形成壓力。當這種盤勢形態已經很明顯，應及時賣出持股。

知識加油站

在尖頂形態出現後，日K線圖上往往也會出現尖頂形態。因此，在賣出操作時，一定要及時果斷，不能猶豫不決。

5-4

「上衝遇阻放量」是短線觸頂的訊號，必須當天賣出

5-4-1 衝高點滯漲放量

【形態特徵】

（1）盤中走勢相對強勁，個股處在上漲態勢。

（2）一波順勢上衝使得股價達到盤中高點。

（3）在盤中高點小幅震盪，上漲停滯，期間成交量明顯放大，呈現高點滯漲放量形態。

（4）日K線圖上，當天放量幅度較大。

【形態解讀】

一波上衝後出現滯漲放量，顯示在盤中高點賣壓沉重，個股走勢在隨後盤中回落。若短線漲幅較大，則是短線觸頂的訊號。

如圖5-8所示，在中科金財2016年10月13日的分時圖中，A段是短線上衝後的高點震盪波段，當中量能明顯放大，即呈現「衝高點滯漲放量」形態。

【買賣點判定】

「衝高點滯漲放量」常出現在短線漲幅較大的情況下，既是當天盤中上攻遇阻的表徵，也是短線觸頂的訊號。操作中，盤中的放量滯漲區間是最佳賣股時機，隨後的震盪回落則是次佳賣股時機。

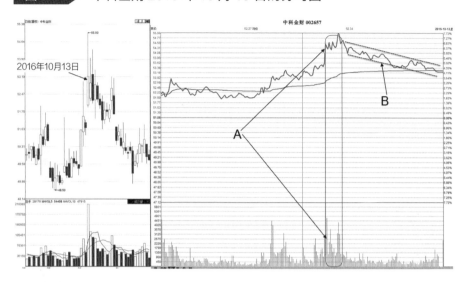

圖 5-8　中科金財 2016 年 10 月 13 日的分時圖

【實戰指南】

結合圖5-8進行以下分析。

（1）早盤走勢強勁，午盤後繼續上揚，持續短線強勢的特徵，此時應持股待漲。

（2）A段走勢持續時間雖短，卻明顯放量滯漲，期間量能創下當天最高，從日K線圖來看放量幅度也不小。

（3）結合短線漲幅大的情況，盤中衝高出現這種滯漲放量形態，是短線觸頂訊號，應及時賣出。

（4）從隨後的走勢可見，滯漲放量後股價便一路下滑，因此，滯漲放量區是最佳的逢高賣出時機。

知識加油站

上衝遇阻出現放量，說明空方賣壓十分沉重，個股當天回落幅度一般較小，但次日往往出現開低，投資人應把握當天的賣出時機。

⏳💲 5-4-2 三角形巨量滑落

【形態特徵】

（1）盤中股價走勢強勁，處在上漲狀態，並且分時線穩定運行於均價線上方。

（2）午盤前後出現一波上揚，但在盤中高點遇到壓力，股價隨之震盪滑落。

（3）滑落過程中量能明顯放大，並跌掉上漲波段的漲幅。這波滑落與上揚波段正好構成一個放量的三角形。

【形態解讀】

三角形巨量滑落形態出現，顯示空方賣壓沉重，是中短線上漲走勢觸頂反轉的訊號。

如圖5-9所示，在榕基軟件2016年9月7日的分時圖中，A段上漲走勢與B段滑落，正好構成一個三角形，並且期間放出巨量。

【買賣點判定】

「三角形巨量滑落」出現在短線漲幅較大的情況下，是資金大舉出逃的表徵。由於個股當天往往仍處上漲狀態，滑落幅度也不是很大，所以後續賣壓將十分沉重，個股次日往往大幅開低。操作時，應在這種盤勢形態出現當天賣出，不要因K線圖呈突破之勢，而忽略了下跌訊號。

【實戰指南】

結合圖5-9進行以下分析。

（1）早盤走勢非常強勢，一波直線拉升後，股價穩定停留於盤中高點不回落，從日K線圖來看，走勢呈加速突破狀。

（2）但午盤後再度上衝遇阻，出現巨量三角形滑落的盤勢，是多空力量對比快速轉換的訊號，應該及時調整策略、順應形勢賣股出場。

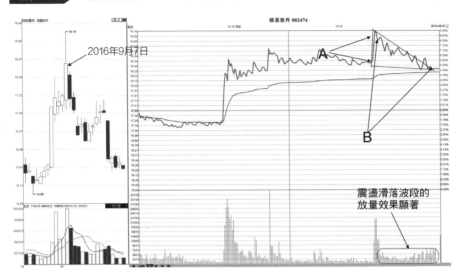

圖 5-9 榕基軟件 2016 年 9 月 7 日的分時圖

知識加油站

從以上兩個案例可知，當出現上衝遇阻放量的盤勢，個股次日的開低幅度往往較大。操作時，賣股一定要快，儘量在當天收盤前賣出。

5-4-3 尾盤上衝遇阻礙

【形態特徵】

（1）午盤後或尾盤階段，股價出現快速上衝，但後續明顯下跌，上漲走勢無功而返。

（2）下跌至收盤成交量明顯放大，當天量能也明顯放大。

【形態解讀】

在短線高點，有些主力因為出貨需要，往往會在尾盤刻意拉抬股價，為次日出貨預作空間。尾盤上衝後下跌，顯示出貨的資金力道大，主力在拉抬尾盤時遇阻。在主力等合力出貨下，個股中短線走勢並不樂觀。

如下頁圖5-10，觀察中船防務2017年4月12日的分時圖，C段上衝走勢遇到較強賣壓，最終無功而返，整個上漲與回落過程都有明顯放量，呈現尾盤

圖 5-10 ▶ 中船防務 2017 年 4 月 12 日的分時圖

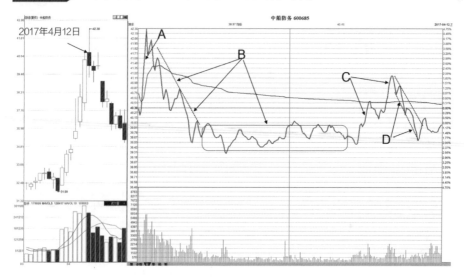

上衝遇阻的形態。

【買賣點判定】

當這種盤勢形態出現在短線高點時，顯示市場賣壓極為沉重，即將出現快速下跌行情。操作時，應在第一時間賣股出場。

【實戰指南】

結合圖5-10進行以下分析。

（1）短線上漲幅度大、速度快，回檔整理機會大。

（2）當天整體盤勢較弱，早盤拉升短促，隨後全天震盪走低，呈現誘多出貨的盤勢形態。

（3）午盤後的拉升運作在收盤時又遇到放量下跌。表示市場賣壓沉重，顯示個股短線上攻已到尾聲，應及時賣出。

知識加油站

不單從分時圖來把握賣出時機，還要關注日K線圖。當股價在短線高點連續數天滯漲，顯示空方力量已經轉強，出現深幅調整的機率也加大。

5-5

「放量下跌出逃」的因應，要觀察有沒有反轉跡象

5-5-1 開高深度下跌

【形態特徵】

（1）當天開高幅度較大，開盤後出現快速且深幅下跌。

（2）下跌時的量能明顯放大，股價在下跌後低點反彈無力。

（3）開盤半小時左右不斷湧現大賣單，從日K線圖可以看到當天顯著放量。

【形態解讀】

開高放量下跌且無反彈，是主力資金誘多出貨的一種常見手法。主力透過開高，打亂散戶投資人的判斷，製造多空分歧，再趁機大量出貨。這種形態常見於突破位置點，是個股假突破、主力真出貨的盤勢。

如下頁圖5-11所示，觀察江南嘉捷2017年2月20日的分時圖，當天處於震盪區高點，開高後使得個股呈突破形態，但開盤後急速下跌（A段走勢），以及隨後B段走勢疲弱，這是短線觸頂的訊號。

【買賣點判定】

實戰中，投資人可以結合開高後的下跌力道和放量程度，把握短線的下跌力道。一般來說，開盤後下跌力道越大、放量越明顯，顯示資金出逃越兇猛，當天盤勢反轉的機率越低，個股的短線下跌速度與力道越強。操作時，當天盤中是最佳賣股時機。

圖 5-11　　江南嘉捷 2017 年 2 月 20 日的分時圖

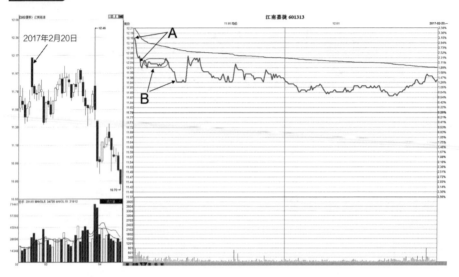

　　相反地，若開盤後的下跌幅度與力道較弱，可以繼續觀察一段時間，看盤中是否有反轉跡象。

【實戰指南】

　　相同的主力往往採取相同的操作手法，該股在隨後的波動過程中，很可能會再出現這種「開高深度下跌」的盤勢形態。

　　如圖5-12，對照該股2017年2月20日的分時圖來看，該股在2017年3月29日分時圖中，A段下跌力道更大、放量更明顯。操作中，投資人不宜對個股的盤中逆轉報有期望，應趕在B段新一波下跌走勢出現前賣出持股。

知識加油站

　　開高下跌的幅度往往較大，給持股者思考的時間不多，由於我們慣有的「逢高賣出」思維習慣，往往希望反彈的出現。殊不知，這樣只會越陷越深。因此短線操作時，一定要有嚴格的紀律。

圖 5-12 江南嘉捷 2017 年 3 月 29 日的分時圖

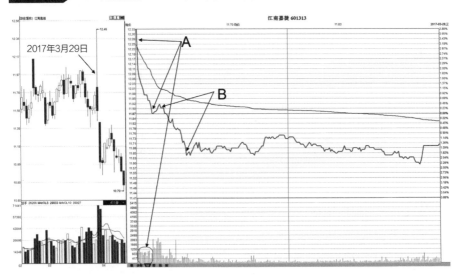

📊 5-5-2 縮量回升股價走勢較弱

【形態特徵】

（1）早盤出現較為快速的震盪下跌或下跌走勢，整個下跌過程成交量大幅放出。

（2）股價自低點開始回升，收復之前的下跌區間，但回升時的成交量遠遠小於下跌過程。

（3）股價走勢再度疲弱震盪下跌，均價線無法發揮支撐作用。

【形態解讀】

放量下跌後能夠縮量回升，顯示主力的維繫股價能力依舊較強，但量能放大的下跌波段才是主力真實意圖的展現，縮量回升之後，股價走勢較弱，也進一步驗證主力的出貨行為。

如下頁圖5-13，在新亞制程2017年1月26日的分時圖中，A波段震盪下跌，可以看到量能的明顯放大，隨後的B段回升，量能明處在縮量狀態。這就是回升時無量的盤勢形態。

165

圖 5-13 新亞制程 2017-01-26 的分時圖

【買賣點判定】

　　無量式的回升顯示買盤進場力道小，個股很難站穩於回升後的盤中高點，均價線的支撐作用也相對較弱。一般來說，此時個股處於短線高點。縮量回升、突破均價線後的盤中高點，是最佳賣出時機。

【實戰指南】

　　結合圖5-13進行以下分析。

　　（1）日K線圖上短線漲幅巨大，主力獲利豐厚，有出貨套現的需求。

　　（2）開盤後股價震盪下跌。必須注意股價下跌過程中，成交量放大明顯。這是主力盤中下跌出貨的明確訊號。

　　（3）隨後的B段走勢雖然使股價大幅回升，但回升波段量能大幅縮減，顯示這只是盤中一次反彈而非反轉。操作上，應積極把握逢高賣出時機。

　　（4）隨後盤中弱勢震盪下跌，驗證了主力的出貨行為。

知識加油站

　　先大幅下跌再大幅回升，就是盤中寬幅震盪。當它出現在短線高點時，即使不考慮主力出貨行為，也代表多空分歧加劇，是短線觸頂的訊號。

5-5-3 股價無力反彈，低點再度放量下跌

【形態特徵】

（1）個股在盤中出現一波放量下跌。

（2）下跌後股價於低點無力反彈，震盪走低，成交量明顯放大。

【形態解讀】

放量下跌可能是主力的出貨行為，也可能是自然的調整，但盤中低點失去支撐、再度放量走低的形態，則顯示大量資金的連續出逃。這是一個危險的訊號，顯示空方已占據絕對優勢。

如下頁圖5-14所示，在天賜材料2016年6月21日的分時圖中，A段呈現放量下跌，隨後B段則是放量的震盪下跌。這兩段走勢，構成低點再度放量下跌的盤勢形態。

【買賣點判定】

這種盤勢形態代表空方力量占據絕對優勢。當個股短線漲幅較大時，即是短線觸頂的訊號。若當天下跌受大盤影響較大，而大盤不具有系統性風險，可以陸續出脫持股。如果這種盤勢具有獨立性，可能是展開一波暴跌行情的警訊，當天收盤前就應出場。

【實戰指南】

結合圖5-14進行以下分析。

（1）早盤走勢疲弱，而當天大盤處在上漲狀態。

（2）結合該股之前的短線漲幅較大情形來看，此時的空方力量開始占據優勢，午盤後出現的低點再度放量下跌形態，雖然與大盤下跌有關，但個股的跌幅、跌速明顯強於大盤。因此，短線觸頂回落的機率較大。操作時，應及時出脫持股。

知識加油站

這種盤勢代表資金的連續出貨，可以結合日K線圖的放量效果，預測短

圖 5-14　天賜材料 2016 年 6 月 21 日的分時圖

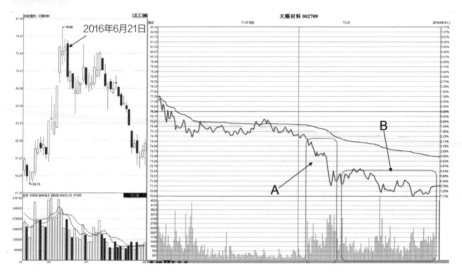

線波動。若放量幅度較大，說明資金出逃力道大，個股短線跌速往往較快，
此時應在當天賣出持股。若情況相反，可以陸續減碼出場。

第 6 章

「會買」讓你起手就贏，
要掌握 5 種分時形態

6-1

「流暢上揚、強勢飆升」時，怎樣不會買在最高點？

6-1-1 盤中多波段順勢上揚

短線交易，特別是「今買、明賣」的超短線交易，關注的重點是資金動能與多空力量的轉變。相對來說，個股的業績、成長性等都成為次要因素。在掌握多空力量的瞬息變化時，分時圖無疑是重中之重，一些典型的分時圖為我們提示超短線買進、賣出訊號。

接下來，結合實例說明，如何分析看漲分時圖的形態，把握短線買進的時機。

【形態特徵】

（1）個股在盤中至少出現兩波順勢上揚，上揚時有量能放大配合。

（2）每一波上揚之後，股價能站穩盤中高點，均價線形成強力支撐。

【形態解讀】

個股強勢上漲的背後，通常有主力在積極拉升。在拉升時，主力一般是用連續的大買單來推升股價，在盤面上展現出強勢的放量上揚形態，這是我們識別主力的重要依據之一。

當盤中出現多波強勢上揚，基本可以認定是主力的運作，只要中短線漲幅較小、仍有上升空間，且大盤穩健，則主力隨後繼續拉升個股的機率較大。這是一個較為可靠的盤勢看漲形態。

如圖6-1，龍溪股份2016年10月12日的分時圖中，在盤中出現三波強勢

圖 6-1 龍溪股份 2016 年 10 月 12 日的分時圖

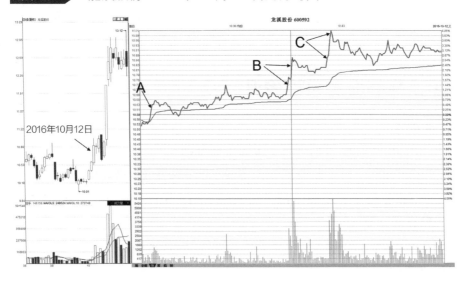

上揚，雖然每一波的漲幅不大，但每次推升後，股價都能站穩盤中高點。這說明買盤充沛、多方力量充足，是短線看漲的訊號。

【買賣點判定】

實戰中，投資人應結合個股的短線漲幅，來把握建立部位與買進的時機。若短線未見上漲，或是當天收盤前的漲幅較小（在5%以下），可以在收盤前追漲進場。若短線已有一定上漲，或當天收盤時漲幅較大，則應該在隨後幾天的震盪中逢低進場。

【實戰指南】

結合圖6-1進行以下分析。

（1）日K線圖上，該股處在低位整理區，短線上漲呈現突破攻勢。

（2）盤中A、B、C三波上揚走勢，量能明顯放大、分時線挺拔有力，股價站穩盤中高點，是多方力量占據主導地位的格局。

（3）日K線圖的三根中陽線使得短線有一定漲幅，短線需要進行調整。操作時，可以多觀察幾天，一旦出現短線調整至當天開盤價附近，可以大膽買進。

知識加油站

觀察分時線順勢上揚的形態時，還要注意分時量的狀況。當分時量充分放大，才能確認主力強力拉升的行為，這時短線上漲的訊號更為可靠。

⧖ 6-1-2 強勢盤勢再度飆升

【形態特徵】

（1）早盤階段個股走勢較強，處在上漲狀態。

（2）盤中運行，分時線維持在均價線上方，呈現強勢格局。

（3）午盤前後，出現幅度較大的順勢上揚，量能充分放大，且股價站穩盤中高點直到收盤。

【形態解讀】

強勢盤面格局中，再次出現順勢放量的上攻形態，是主力在當天盤中連續做多的態勢，也是個股短線看漲的訊號。

如圖6-2所示，在葛洲壩2016年7月5日的分時圖中，早盤階段，盤勢走勢較強，午盤後的一波大幅飆升伴隨量能充分放大，呈現出「強勢盤勢再度飆升」的形態。

【買賣點判定】

當出現這種盤勢，個股短線的漲幅相對較大，此時進場追漲容易因為股價回檔，而被短線套牢。因此要等待幾天，在股價回檔後再進場買股。一般來說，股價回檔至當天收盤價附近，只要大盤不出現整體下跌，這個回檔低點就是最佳短線進場時機。

【實戰指南】

結合圖6-2進行以下分析。

（1）從日K線圖可見，個股已突破低位整理區，短線與當天盤收盤時漲幅較大，短線多半出現調整。操作時，應等待回檔低點再進場。

（2）從分時圖來看，個股盤中飆升幅度較大，且站穩盤中高點，並沒

圖 6-2　葛洲壩 2016 年 7 月 5 日的分時圖

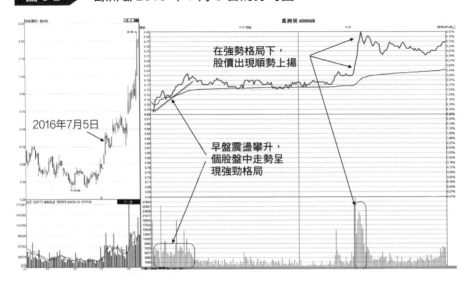

有回落至均價線附近。這顯示主力拉升意願較強，個股的中短線行情值得期待。

（3）由於短線和當天盤勢漲幅較大，不宜追漲進場，應耐心等待回檔後的買進時機。

知識加油站

順勢上揚是發現主力行蹤的線索，但是不等於開啟短線行情。我們還要觀察個股是否站穩盤中高點：若強勢不回落，且不向下靠攏均價線，中短線行情可期；相反地，這波漲勢很可能只是曇花一現。

6-2

「強勢上漲後回落」的因應，如何買能避免套牢？

⌛ 6-2-1 盤中多波推升高點回落

【形態特徵】

（1）盤中走勢強勁，出現幾波較為明顯的拉升，至盤中高點。

（2）盤中上揚時的量能放大較為明顯。

（3）股價自盤中高點開始回落，一直持續到收盤，股價回落幅度較大且向下貼近或跌破均價線。

【形態解讀】

盤中出現多波拉升且伴隨上漲放量形態，是多方力道充足、主力拉升意願較強的訊號。但是，當盤中漲幅較大，股價失去支撐，開始持續回落，表示市場逢高賣壓沉重，個股仍會短線調整。

如圖6-3，在太平洋2016年8月15日的分時圖中，該股早盤小幅上漲，隨後B段走勢出現幾波強力拉升，但C段的回落走勢將B段漲幅又吐回去。這就是盤中多波推升高點回落的盤勢。

【買賣點判定】

個股自盤中高點出現深幅回落，是主力維繫股價的力道不夠、市場賣壓沉重的訊號。雖然盤中多波推升顯示主力拉升的意圖，但短線操作上，投資人應繼續觀察幾天，在短線回檔時逢低進場，以免追漲被套牢。

圖 6-3 太平洋 2016 年 8 月 15 日的分時圖

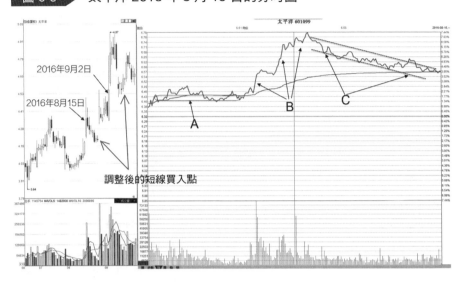

【實戰指南】

結合圖6-3進行以下分析。

（1）從日K線圖來看，當天收了上影線且量能放大明顯，但盤中衝高後賣壓沉重，個股仍會短線調整。

（2）從分時圖來看，自B段走勢的最高點開始向下滑至收盤，持續時間長，且回吐B段大部分的漲幅，說明賣壓較強且有持續性。

（3）綜合盤勢和日K線圖來分析，該股仍會短線調整。操作時，應觀察幾天，逢短線回檔伺機買進，而不是在當天收盤前進場追漲。

知識加油站

個股雖然形成一個短線高點，但通常並非反轉訊號，只是短線賣壓較重。只要個股中線累計漲幅較小，整體趨勢看好，在隨後短線調整時逢低進場，就會有較高成功率。

6-2-2 盤中順勢飆升至高點回落

【形態特徵】

（1）開盤後盤中走勢相對平穩，並未出現明顯的上漲或下跌。

（2）突然出現一波順暢、大幅度的飆升走勢，同時量能明顯放出。

（3）自高點出現分段回落，到收盤時，股價跌破均價線，但仍處在上漲格局。

【形態解讀】

這種盤勢形態與「盤中多波推升高點回落」的市場涵義相似，不同之處就是盤勢的上漲方式，但都是中短線個股有望突破上攻的訊號。

如圖6-4，在太平洋2016年9月2日的分時圖中，B段飆升走勢順暢、幅度大，顯示主力在強勢拉升。但隨後走勢相對較弱，至收盤時股價已跌至均價線下方。

【買賣點判定】

盤勢的強力飆升，代表主力在強烈拉升。一般來說，只要個股當天的回落幅度較小，主力多半會繼續拉抬。因此，在掌握買點時，要關注盤中回落的幅度。若在收盤時，股價僅跌掉飆升波段的一小段漲幅，而且跌破均價線幅度小，當天收盤前可以試探性買進。相反地，應當多觀察幾天，在回檔時逢低買進。

【實戰指南】

結合圖6-4進行以下分析。

（1）B段的一波飆升幅度接近9%，同時量能放出具有連續性，顯示主力連續大單推升的實力與信心。

（2）C段的回落走勢較弱，幅度只有4%左右，並且回落時間很長。這說明市場逢高的賣壓相對適中。

（3）短線來看，該股有望在主力運作下繼續上漲，但因為當天漲幅相對較大，所以在追漲時應當控制部位，並設定停損點。

太平洋 2016 年 9 月 2 日的分時圖

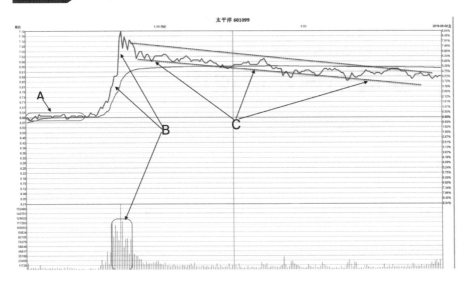

知識加油站

　　個股順勢飆升之後，若回落幅度較小，而且收盤時仍與均價線有一定距離，顯示市場賣壓輕、主力維繫股價力道強，是短線上攻行情即將展開的訊號。此時的最佳策略是追漲，而不是等待回檔。

6-3

「早盤連續拉升」的出現，
應當把握時機進場

6-3-1 一早小幅拉升，節節震盪攀高

【形態特徵】

（1）開盤之後，出現小幅度拉升的上揚走勢。

（2）盤中高點，股價在均價線上獲得有力支撐且震盪走高。

（3）至收盤時，股價接近當天的最高點。

【形態解讀】

這種盤勢形態是做多力量充足、源源不斷釋放的格局。開盤後，雖然上揚幅度不大，但走勢順暢，盤中高點有支撐。這是主力積極運作的結果。一般來說，只要個股中短線漲幅較小，這種盤勢顯示主力有意拉升，是看漲的訊號。

如圖6-5，在銀邦股份2016年5月31日的分時圖中，A段呈現小幅上揚走勢，B段是強勢震盪攀升。這正是早盤小幅拉升節節攀高的盤勢形態。

【買賣點判定】

這種盤勢形態，常出現在中短線漲幅較小的位置點。此時主力的拉升行為較為緩和，但持續力強。若非大盤有系統性回檔，則股價在主力的積極運作下，短期內往往會持續攀升。因此，在確認出這種盤勢形態後，應把握時機迅速進場。

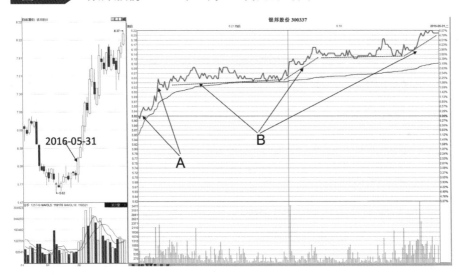

圖 6-5　銀邦股份 2016 年 5 月 31 日的分時圖

【實戰指南】

結合圖6-5進行以下分析。

（1）從日K線圖來看，當天的中陽線使得該股呈現突破低位窄幅整理區形態。這是買進訊號。

（2）從分時圖來看，當天盤中走勢十分穩健，股價節節攀高，有高點支撐且放量溫和。這說明主力維繫股價力道強、短線逢高賣壓較輕，是買進訊號。

（3）日K線與分時圖都發出買進訊號，而且短線上漲剛剛啟動。投資人應在第一時間（當天收盤前）買進追漲。

知識加油站

溫和的放量效果是決定追漲的關鍵因素之一，因為這代表主力維繫股價的力道與市場賣壓。若當天放出巨量，表示賣壓較重，即使中線看漲，短線最好多觀察幾天，回檔時伺機進場才是最佳策略。

6-3-2 連續拉早盤，強力買進股票

【形態特徵】

（1）股價連續兩個交易日在早盤前出現明顯上揚。

（2）早盤上揚時，有量能放大支撐。

（3）早盤上漲後，個股以均價線支撐走勢強勁，收盤時股價接近當天高點。

（4）日K線圖上，這兩個交易日出現明顯放量。

【形態解讀】

連續2個交易日呈現早盤拉升、放量上揚，且隨後盤中走勢強勁，說明有資金在積極承接。一般來說，這是主力買股的現象，顯示個股中短線走勢看好。

圖6-6、圖6-7分別是中國重汽2016年7月12日、2016年7月13的分時圖，可以看出雖然這兩天早盤拉升方式不同，但明顯有大量資金運作，而且拉升後盤中走勢強勁，這正是主力持續買股的訊號。

【買賣點判定】

連續兩個交易日出現早盤拉升，且個股短線漲幅較大。若這是主力買股所致，只要大盤不出現整體下跌，短線高點將獲得較強支撐。實戰中，可以耐心觀察幾天，在短線上漲後的高點出現整理，並再次放量上漲時，才是最佳進場時機。

【實戰指南】

結合圖6-6、圖6-7和第182頁圖6-8，進行以下分析。

（1）2016年7月12日的早盤拉升和盤中走勢強勁，是有望開啟一波行情的訊號。從日K線圖可看到，短線漲幅較小，且呈現窄幅整理區突破格局，可以在收盤前進場追漲。

（2）2016年7月13日再度出現早盤拉升、走勢強勢的形態，由於短線漲幅較大，此時不應該進場追漲。

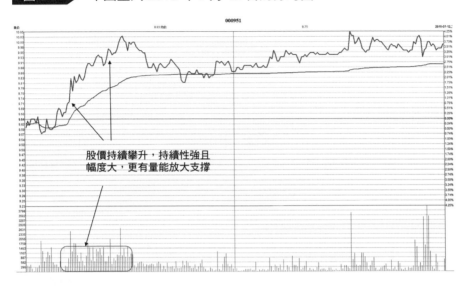

圖 6-6　中國重汽 2016 年 7 月 12 日的分時圖

股價持續攀升，持續性強且
幅度大，更有量能放大支撐

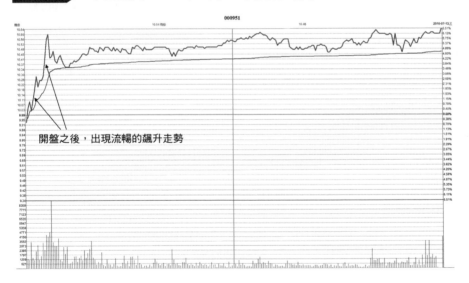

圖 6-7　中國重汽 2016 年 7 月 13 日的分時圖

開盤之後，出現流暢的飆升走勢

（3）隨後幾天，個股呈現橫向整理，且大盤相對平穩，由於這兩天股價已在短線高點獲得明顯支撐，說明確實有主力積極運作。此時的強勢盤整區間，就是中短線進場的時機。

圖 6-8　中國重汽 2016 年 5 月至 9 月的日 K 線走勢圖

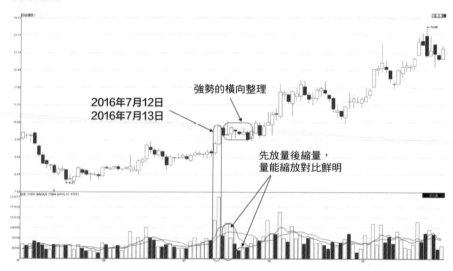

知識加油站

　　連續兩日拉升之後，若遇到大盤回落，個股往往會順勢回檔。這時候，投資人應關注回檔時的量能大小。若量能大幅萎縮，顯示主力仍在其中，回檔後在短線低點止跌時，就是大盤為投資人創造的最佳逢低買進時機。

6-4

「盤中由弱轉強」顯示，多空力量格局在逆轉

6-4-1 「由弱轉強」的兩段式轉換

【形態特徵】

（1）開盤之後，股價走勢較弱，出現一定的下跌。

（2）在走勢較弱的格局中（或是短線崩跌後），股價大幅拉升，向上突破均價線，並在盤中強勢震盪至收盤。

【形態解讀】

個股走勢「先弱後強」，當這種盤勢出現在短線深幅下跌後，可視為多空力量格局在盤中逆轉的訊號，顯示短線下跌結束，即將展開反彈上攻。

如下頁圖6-9，在新寧物流2017年4月27日的分時圖中，A段為開盤後的弱勢下跌，B段則為逆轉上攻的強勢格局，且持續直到收盤。這就是「由弱轉強」兩段式轉換的盤勢形態。

【買賣點判定】

當這種盤勢出現在短線低點時，將有兩個較好的買進機會，第一個是當天走勢轉強後再度回測均價線時。若當天逆轉上揚的幅度較大，則會形成較重的短線賣壓，隨後兩天的回檔整理則是第二個買進時機。

【實戰指南】

結合圖6-9進行以下分析。

圖 6-9 ▶ 新寧物流 2017 年 4 月 27 日的分時圖

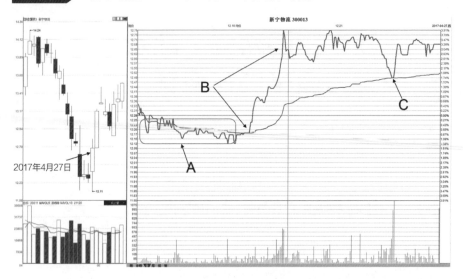

（1）B段的逆轉上攻幅度較大，股價將回檔整理，因此不宜追漲。

（2）在C點位置，股價出現一波深幅調整且回測均價線，由於已形成走勢強勁格局，均價線有較強支撐力，因此C點是當天盤中的一個買進時機。

知識加油站

「由弱轉強」兩段式轉換盤勢，只有出現在短線深幅下跌後的低點，才是可靠的反轉上攻訊號。

⌛ 6-4-2 「強、弱、強」三段式轉換

【形態特徵】

（1）開盤後，股價上揚，走勢較為強勁。

（2）在盤中高點，股價回落至均價線下方，此時走勢較弱。

（3）股價再度上攻突破均價線，強勢震盪，並持續到收盤，呈現強勢格局。

圖6-10 ▶ 科士達 2016 年 3 月 17 日的分時圖

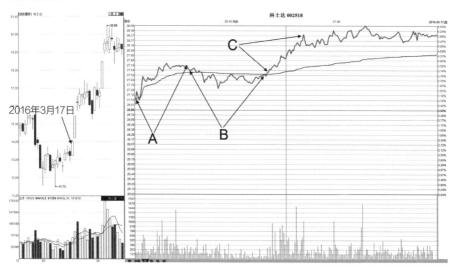

【形態解讀】

相對於由弱轉強的兩段式轉換，「強、弱、強」多了一段由強轉弱的過程，但最終都仍以強勢格局收盤。這2種盤勢的市場涵義相同。當「強、弱、強」出現在短線深幅下跌後的低點時，是多方力量快速轉強的訊號。

如圖6-10，在科士達2016年3月17日的分時圖中，A段走勢強勁，B段較為弱勢，C段又轉為強勢並持續到收盤。這就是典型「強、弱、強」三段式轉換的盤勢形態。

【買賣點判定】

掌握買進時機時，要結合盤勢和短線漲幅狀況。若個股剛出現短線上漲、當天盤勢漲幅不大時，可以在收盤前追漲買進；相反地，應等待幾天，當短線回檔時再逢低買進。

【實戰指南】

結合圖6-10進行以下分析。

（1）該股短線深幅下跌後，在低點長時間橫向整理，當天上漲使其呈現突破上攻格局。

（2）C段上攻走勢後，股價未見回落，始終與均價線保持較大距離，顯示多方力道十分充足。

（3）收盤時漲幅不大，短線又剛啟動，收盤前追漲買進的風險較小，因為該股很可能加速突破上攻。

知識加油站

「強、弱、強」三段式轉換中，每段時間長短是關注重點。一般來說，最後一波的強勢波段持續時間應該最長，中間的疲弱波段則相對較短。

6-5

「盤中順勢或突然下跌」時，怎麼抓住最佳買點？

6-5-1 走勢疲弱順勢下跌

【形態特徵】

（1）開盤後，股價走勢疲弱，在盤中低點出現一波快速下跌。

（2）股價快速回升，向上突破均價線，一舉收復之前的下跌空間。

（3）在均價線上方走勢強勁，震盪攀升直至收盤。

（4）當天量能未見明顯放大。

【形態解讀】

走勢疲弱格局一波深跌引發買盤迅速進場，而且有效推升股價。這種順勢下跌且快速反彈轉強的盤勢形態，大多與主力測試有關。下跌後走強顯示市場賣壓較輕，主力維繫股價力道強，顯示將展開上攻行情。

如下頁圖6-11，在佳隆股份2016年5月26日的分時圖中，A段是疲弱盤勢下所出現的崩跌，B段股價上升速度快、幅度大，而C段則呈現震盪攀升。這就是走勢疲弱下的順勢下跌格局。

【買賣點判定】

當判斷主力在短線下跌後的低位區進行測試，如果盤中漲幅較小，則顯示將展開短線上攻行情，可以在收盤前進場買股。但如果持有幾天後，股價仍然無法上漲脫離底部，就應果斷賣出。

圖 6-11　佳隆股份 2016 年 5 月 26 日的分時圖

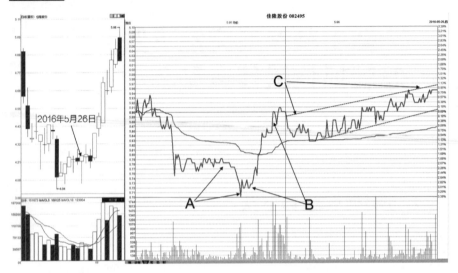

【實戰指南】

結合圖6-11進行以下分析。

（1）此盤勢形態出現在短線深幅下跌後的低點區，股價下跌並未引發恐慌性拋售，表示空方力量已消耗殆盡。

（2）B段走勢迅速回升，說明主力維繫股價力道較強，而C段的震盪攀升表示多方力量較為主動。

（3）該股有望在主力的測試和運作下展開上攻，此時可以買股佈局。

知識加油站

下跌測試之後，個股不一定會馬上大漲，因此在買進後，應耐心持股幾天，避免錯失機會。若幾天後個股仍無法展開強勢上攻，可以分階段減碼手中部位出場。

⏳ 6-5-2 盤中或開盤後突然下跌

【形態特徵】

（1）個股在盤中（或開盤後）走勢平穩，股價卻突然快速下跌，但是

圖 6-12 　三聖股份 2017 年 5 月 2 日的分時圖

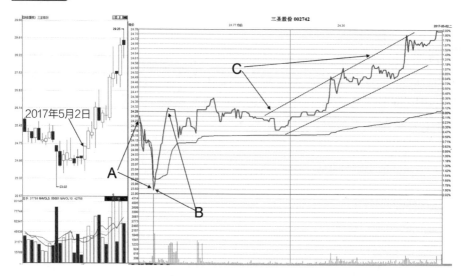

回升速度也很快，呈現V形反轉。

（2）隨後以均價線為支撐，震盪走強直至收盤。

【形態解讀】

如圖6-12，在三聖股份2017年5月2日的分時圖中，開盤後的A段和B段走勢構成了觸底回升的V形反轉，隨後的股價穩定保持在均價線上方。這就是開盤突然下跌的形態。

【買賣點判定】

盤中（開盤）突然走跌，並非出現在弱勢格局下，因此一旦測試效果理想，個股就有可能立刻出現上攻走勢。當把握買點時，發現股價在下跌後逐步走強，應該在當天及時買進。

【實戰指南】

結合圖6-12進行以下分析。

（1）開盤後突然走跌，但並未引發大量拋售，量能沒有放大，股價也迅速收復失地。

（2）C段走勢開始節節攀升，由於個股短線波段未見上漲，可見得隨後出現快速上攻的機率較大，此時應及時買進佈局。

知識加油站

結合以上兩個案例可知，即使沒有在主力測試當天及時進場，只要在隨後幾天內追蹤個股，也能找到逢低買進的機會。這時候，個股的走勢更趨穩健且呈現上升態勢，是較好的進場時機。

第 **7** 章

「會賣」才是頂尖高手，
要抓住 5 種分時形態

7-1

「早盤一波衝頂」時，
要看是直線拉起還是尖形反轉

⏳ 7-1-1 盤中低點直線拉起

利用分時圖波動形態把握買點，只完成交易的前半段。「會賣的才是師傅」，準確把握買進的時機固然好，但成功率總有極限。如果不能正確把握賣點，當買錯個股時，很難及時停損出場，保護投資老本。當買對個股時，也很難將獲利最大化。

接下來，將結合分時圖形態分析技巧，說明如何掌握超短線交易的賣股時機。

【形態特徵】

（1）開盤小幅下跌後，出現一波強勢上揚，股價突破均價線並大漲。

（2）股價在高點失去支撐，開始震盪滑落直到收盤，並且大幅跌破均價線。

（3）日K線圖上，中短線漲幅較大，當天收出長上影線且放出巨量。

【形態解讀】

中短線漲幅較大的情況下，突然出現拉升，但在盤中高點放任回落。這往往是主力利用市場追漲氛圍，透過小單拉升、大單出貨的手法。拉升的時間短、但幅度大，可以為隨後的盤中出貨預留空間，由於股價持續下滑，加上散戶多半有逢高才會賣出的心態，減輕市場賣壓。

如圖7-1，在合肥百貨2016年11月22日的分時圖中，A段一波衝高雖然十

圖 7-1　合肥百貨 2016 年 11 月 22 日的分時圖

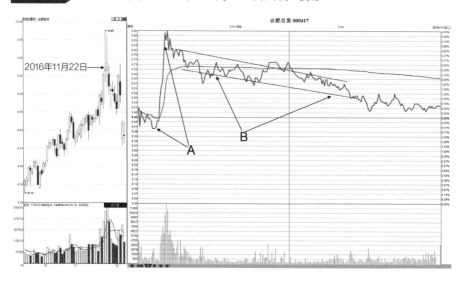

分強勢，但時間短且盤中高點無支撐，隨後走勢回落，再結合日K線圖的中短線漲幅大、當天放出巨量，可以知道資金出逃力道較大，是股價走勢短線反轉的訊號。

【買賣點判定】

可以結合B段回落走勢的幅度與力道，來把握短線賣股時機。若B段走勢回落幅度大、收盤時處在下跌狀態，說明主力的出貨行為較為明顯，個股隨後幾天可能出現快速下跌，應在收盤前及時賣出。相反地，若回落幅度適中，收盤前處在上漲狀態，顯示主力的出貨力道較輕，次日盤中若有衝高，是最佳逢高賣出時機。

【實戰指南】

結合圖7-1進行以下分析。

（1）A段衝高後，股價持續滑落至均價線，且無法站穩於均價線之上。此時，投資人應短線賣出。

（2）B段走勢至收盤，股價仍處在上漲狀態，回落幅度適中，主力出貨力道不大。此時，為了降低風險，投資人可以減碼。次日盤中若有衝高，投

資人應出清持股出場。

（3）日K線圖上，該股短線漲幅較大且放量明顯，但這種放量方式難以持續，說明短線賣壓較重，必然會進行調整。這是對分時圖賣點的驗證。

知識加油站

在把握短線賣點時，既要結合個股和大盤的分時運行狀態，也要控制好部位。當難以精確判斷什麼時機出脫持股時，投資人可以採取分階段賣出的策略。

⏳ 7-1-2 開盤後尖形反轉

【形態特徵】

（1）開盤後出現快速衝高，幅度大、速度快。

（2）自盤中高點直線跌落至均價線下方。與之前的快速上衝波段正好形成一個尖形反轉。

（3）跌破均價線後，股價反彈無力，始終處於弱勢並持續到收盤。

（4）開盤衝高波段往往伴隨巨量，但隨後震盪滑落則相對縮量。

【形態解讀】

這種盤勢形態出現在中短線高點時，往往伴隨著主力強烈的出貨意圖。主力利用開盤時市場觀望者較多，提前在上方掛出賣單，自己則快速掃盤，製造出一種放量上攻、強勢上漲的盤勢形態，讓投資人誤以為個股將展開突破上攻行情。因此，隨後的快速下跌、震盪滑落至收盤，才是主力出貨的真實展現。

如圖7-2，在神州易橋2017年3月15日的分時圖中，A段開盤放量快速上衝、B段直線下跌，正好構成一個尖形反轉形態。這是主力開盤後拉升出貨的常見盤勢。

【買賣點判定】

當出現這種盤勢形態，投資人應及時果斷賣出持股，否則很可能被套在

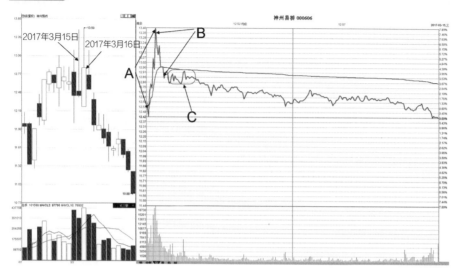

圖 7-2　神州易橋 2017 年 3 月 15 日的分時圖

短線高點。一般來說，開盤後形成尖頂，由於股價反彈無力，無法突破均價線，就可能形成這種盤勢，不需要等到收盤再確認，而錯失賣出時機。

【實戰指南】

結合圖7-2進行以下分析。

（1）B段回落幅度大、速度快，均價線完全無支撐作用。說明實質賣壓十分沉重，這正是主力出貨的結果。

（2）C段走勢中，可以看到股價完全失去反彈動力，均價線壓力強，此時應及時賣股出場。

（3）如果當天未能及時賣出，從日K線圖來看，雖然個股中線漲幅較大，但短線處於橫向滯漲走勢，若沒有利空消息，短線仍有震盪。

（4）下頁圖7-3顯示該股次日盤勢，早盤走勢平穩，盤中再度出現飆升，但高點沒有支撐，出現尖形反轉。這是大盤走勢穩健而創造的第二個賣出時機。

知識加油站

如果這種盤勢出現在快速飆升的短線高點，個股在日K線圖上容易形成

圖 7-3　神州易橋 2017 年 3 月 16 日的分時圖

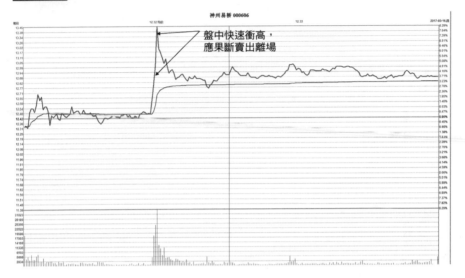

盤中快速衝高，
應果斷賣出離場

尖頂反轉，幾乎沒有時間構築頭部，投資人需要在第一時間賣出手中持股。

7-2

「強弱轉換下探」時，
留意反彈點的出場時機

7-2-1 開盤衝高後下行

【形態特徵】

（1）開盤後，出現一、兩波急速上衝，幅度較大。

（2）隨後開始震盪回落並跌破均價線，並持續到收盤。均價線對盤中反彈形成壓力。

【形態解讀】

若開盤後，股價持續下跌，顯然是極為弱勢的格局，發出的下跌訊號一目了然。但盤中走勢由強轉弱後的下行，具有一定的隱蔽性，持股者容易忽略其風險，多空格局的轉換往往就在盤中完成。

早盤衝高後，股價失去支撐，滑落至收盤，是多方力量曇花一現、空方占據主導地位的表徵。在短線衝高點、跌勢反彈點，這種盤勢形態較為常見，是新一波下跌走勢展開的訊號。

如下頁圖7-4所示，在分眾傳媒2016年12月2日的分時圖中，A段為兩波上揚走勢，但無法站穩於盤中高點。整個B段都處於震盪滑落態勢直到收盤。這就是開盤衝高後下行的形態。

【買賣點判定】

這種盤勢形態常見於短線衝高或反彈走勢中，是股價反轉的訊號。由於當天盤中滑落時間長，且醞釀著隨後的暴跌風險，因此盤中每一次反彈、股

圖 7-4 　分眾傳媒 2016 年 12 月 2 日的分時圖

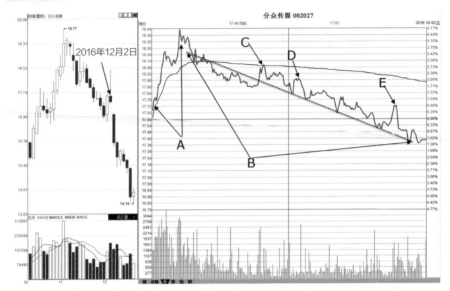

價向上接近均價線時，都是賣股時機，越早賣出風險越小。這種盤勢特徵較為明顯，不要有「走勢逆轉」的僥倖心理，就能及時出場。

【實戰指南】

結合圖7-4進行以下分析。

（1）日K線圖顯示此時僅是反彈波段，因此不能對短線上漲空間期望過高。

（2）在A段的兩波衝走高勢中，第二波上揚時量能放大不充分、較為短促。這是反彈遇阻的訊號，此時可逢高賣出。這是最佳賣股時機。

（3）隨後股價向下滑落，跌破均價線。「開盤衝高後下行」的盤勢形態已然形成，每次的反彈點（圖7-4中的C、D、E）都是賣股時機。

知識加油站

因為股價在盤中滑落時間長，在反彈波段的盤勢形態對持股者心態有負面影響，易引發一波波股價跌落。因此，及時賣出、規避風險才是上策。

圖7-5 ▶ 瑞爾特 2016 年 12 月 1 日的分時圖

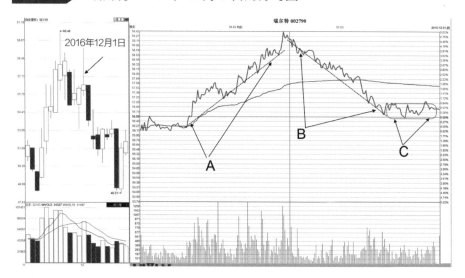

7-2-2 過山車式反轉大起大落

【形態特徵】

（1）早盤階段，股價震盪攀升，漲幅相對較大。

（2）午盤之後，股價走勢開始反轉，一路向下，至收盤時，早盤的上漲成果已消失。

（3）綜合全天走勢來看，呈大起大落的「過山車」形態。

【形態解讀】

這是一種先強後弱的盤勢，往往與當天大盤走勢下跌有關，或是盤中拉升遇阻，主力在早盤階段有意拉升個股但效果並不理想，午盤後開始反手出貨。這是主力對大盤走勢做出的一種預判，也顯示股價走勢將轉向。

如圖7-5，在瑞爾特2016年12月1日的分時圖中，A段的攀升成果被B段的下跌所湮滅，B段走勢為下行，且持續時間長，雖然收盤前有站穩，但股價未見反彈上漲。當天B段盤勢屬於過山車式下行形態，是短線走勢反轉的訊號。

【買賣點判定】

過山車式的反轉，由於早盤階段攀升持續性較強，主力以買進為主，而午盤後的下跌滑落中，主力出貨往往並不充分，個股隨後的短線走勢不容樂觀。操作時，應第一時間賣出持股出場，規避隨後可能出現的快速下跌風險。

【實戰指南】

結合圖7-5進行以下分析。

（1）該股處於短線高點的橫向震盪中，趨勢運行不明朗。

（2）早盤A段攀升使個股呈現突破之勢，但午盤後開始下跌，出現過山車反轉。當天大盤走勢相對穩健，顯示主力拉升時遇阻，轉而開始出貨下跌。在識別出這種形態後，應當第一時間賣出持股出場。

（3）收盤前C段走勢站穩，是當天最後的賣股出場時機。

知識加油站

過山車式的反轉代表空方力量後來居上。當這種盤勢形態出現在短線高點，或是盤整震盪區高點時，是可靠的短線下跌訊號。這往往與主力的出貨行為有關。

7-3

「尾盤下跌變盤」的對策，別錯失短線賣股的訊號

7-3-1 漲幅區直線下墜

【形態特徵】

（1）午盤後個股走勢較強，處在上漲狀態。

（2）收盤前半小時左右，出現快速、深幅的下跌直至收盤，過程呈現直線下跌，而且成交量大幅放出。

（3）日K線圖上，個股處於短線大漲後的高點。當天的尾盤直線下跌使個股收出長上影陰線形態，且放量明顯。

【形態解讀】

收盤前半小時是多空雙方密集交鋒的時段，往往也可看出股價後續的走向。在股價短線漲幅大的情形下，若尾盤出現直線的放量下跌，則是主力在見到大盤不好的情形下，實施了大舉出貨的操作所致，是短線反轉走勢出現的訊號。

如下頁圖7-6，觀察旭光股份2016年8月29日的分時圖，午盤後該股股價大幅上揚，但在盤中高點遇到賣壓，股價未站穩盤中高點，尾盤更出現一波直線下跌，幅度接近8%且放出巨量。結合個股之前的強勢上漲，可判斷這是短線走勢急速反轉的訊號。

【買賣點判定】

這種盤勢常出現在短線飆升之後，暴漲往往伴隨暴跌。因此，不要等到

圖 7-6 ▶ 旭光股份 2016 年 8 月 29 日的分時圖

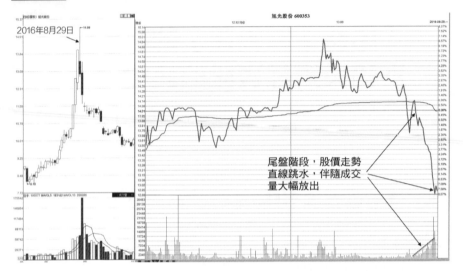

尾盤階段,股價走勢
直線跳水,伴隨成交
量大幅放出

快速下跌時再賣出。一旦盤中拉升遇到強大壓力,特別是午盤之後的拉升遇阻,就應果斷賣出,而尾盤的直線放量下跌,則是一波暴跌行情即將展開的訊號,此時是最後的短線賣出時機。

【實戰指南】

結合圖7-6進行以下分析。

(1)從日K線圖來看,短線漲幅大且漲勢淩厲,短線獲利多。

(2)午盤後出現拉升,但拉升時的量能放大不夠充分,且在盤中高點遇阻,股價震盪回落,此時是最佳賣出時機。

(3)收盤前半小時,在大盤下跌帶動下,股價直線下落,出現短線反轉訊號,這是第二個賣出時機。雖然賣在當天低點,但從日K線圖來看,短線下跌空間仍然很大。

知識加油站

尾盤直線下跌後,若當天並未及時賣出,那麼次日早盤衝高(在大盤穩健的前提下,個股次日開盤後有適當修復尾盤大幅下跌的傾向)時,應當果斷賣出,不可猶豫不決而錯失機會。

圖 7-7　昊華能源 2016 年 12 月 14 日的分時圖

7-3-2 由強轉弱尾盤下滑

【形態特徵】

（1）盤中運行平穩，午盤後個股走勢強勁。

（2）收盤前半小時左右，個股向下跌破均價線直至收盤，股價未見回升。

（3）日K線圖上，個股短線漲幅較大，當天量能顯著放大。

【形態解讀】

收盤前半小時，股價向下跌破均價線且再無反彈。顯示經歷一整天的交易，空方最終占據主動。當天的大幅放量說明出逃資金較多，是股價短線反轉的訊號。

如圖7-7，在昊華能源2016年12月14日的分時圖中，C段走勢強勁，處在上漲狀態，股價穩定站於均價線上方，但在D段標注的尾盤階段，股價持續下滑至均價線下方。這是由強轉弱尾盤下滑的盤勢，表示多空力量對比格局的轉變。

【買賣點判定】

　　對於這種盤勢形態，如果尾盤階段的下滑幅度較小，由於空方力量釋放不足，次日早盤很可能開低走低，因此應在當天衝高時賣出持股。若次日出現明顯開低，顯示股價走勢已相對明確，當早盤衝高時應果斷賣出。

【實戰指南】

　　結合圖7-7進行以下分析。

　　（1）A段走勢延續上一個交易日的漲停板強勢格局，出現放量衝高。

　　（2）股價無法站穩盤中高點，深幅回落後，長時間運行於均價線下方。這是多空力量的第一次轉變由強轉弱。

　　（3）C段走勢再度出現兩波上揚，股價又開始呈強勢格局。這是多空力量的第二次轉變由弱轉強。

　　（4）最後尾盤半小時，股價持續滑落，這是多空力量的第三次轉變由強轉弱。收盤前短線賣股訊號較為明確，是賣出時機。

知識加油站

　　在短線高點的盤勢中，由於多空交鋒激烈，往往在尾盤階段才分出勝負，也決定了股價隨後的走勢。操作時，應關注多空交鋒的結果，因為這才是決定股價走向的關鍵。

7-4

「強力拉抬尾盤」的因應，最好當天就逢高賣出

7-4-1 強力拉尾盤

【形態特徵】

（1）個股全天運行相對平穩，收盤前半小時左右（或是接近收盤時），股價快速飆升，收盤價遠遠高於當天均價。

（2）日K線圖上，個股的中短線漲幅較大。

【形態解讀】

在中短線高點，主力運作收盤價，大多是為了隨後的出貨預留空間，即使個股當天的上漲使得其呈突破狀，但真實的拉升行為，只有很少一部分出現在尾盤階段。綜合個股前期漲幅較大、上漲空間收窄等情況，可以判斷強力拉抬尾盤是反轉下跌的訊號。

如下頁圖7-8，在建藝集團2016年11月23日的分時圖中，尾盤出現快速上升，收盤價明顯高於當天均價，這就是強力拉抬尾盤的形態。

【買賣點判定】

當尾盤拉抬幅度較大，次日早盤大多會呈現弱勢，成交價接近前一個交易日的均價。因此，拉抬尾盤當天就是最佳逢高賣出時機。

【實戰指南】

結合圖7-8進行以下分析。

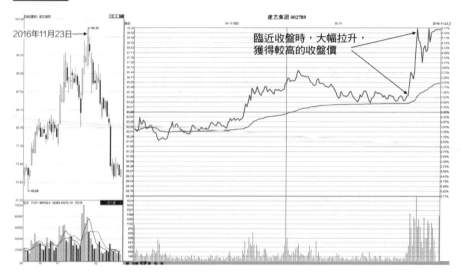

圖 7-8　建藝集團 2016 年 11 月 23 日的分時圖

（1）該股尾盤上漲5%左右，收盤價遠離當天均價。

（2）從日K線圖來看，該股中短線漲幅較大，雖然當天的上漲使個股呈現突破，但尾盤拉抬是明顯的誘多出貨訊號。操作時，應當在收盤前賣出持股。

知識加油站

尾盤拉抬的幅度越大，次日早盤的回落幅度往往會越大。因此，把握收盤前的最佳賣出時機至關重要。

7-4-2 盤中低點淺水發射

【形態特徵】

（1）盤中走勢下跌，分時線運行於均價線下方。

（2）一波快速上揚，使股價直線飆升且上漲幅度大，伴隨連續性的量能放大。

（3）股價自盤中高點開始回落直到收盤，不僅跌幅較大且均價線無力支撐。

圖 7-9 ▶ 魯抗醫藥 2016 年 12 月 1 日的分時圖

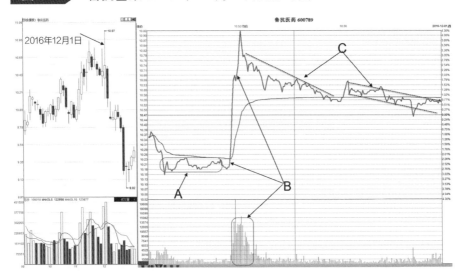

【形態解讀】

這種盤勢多是主力在盤中快速拉抬，且拉抬時往往邊出貨邊製造放量上漲的形態，意在為盤中出貨製造空間。隨後長時間的回落、均價線無支撐作用，都是因為主力出貨、市場拋售雙重賣壓所致。

如圖7-9，在魯抗醫藥2016年12月1日的分時圖中，A、B、C三段走勢共同構成盤中低點淺水發射的形態。

【買賣點判定】

當這種盤勢出現，顯示主力的出貨行為在加快，將開啟中短線的下跌行情。操作時，淺水發射的衝高點是最佳賣出時機。若錯過，在隨後的大幅回落走勢中，應逢盤中反彈時賣出持股。

【實戰指南】

結合圖7-9，進行以下分析。

（1）去掉B段的快速拉抬波段，A段、C段走勢均呈弱勢下跌。這才是主力市場出貨行為的真實展現。

（2）B段的拉升短促、放量明顯，形成邊出貨、邊拉抬的典型盤勢。

（3）綜合分析，操作時，在當天收盤前應賣股出場。

知識加油站

因為在盤中拉抬股價時，多半有主力大單出貨，所以日K線圖會反映出明顯放量。這是判斷此種形態為賣出訊號的線索。

7-5

「心電圖式突擊、刻意放量拉升……」都極具高風險

7-5-1 心電圖式突擊放量

【形態特徵】

（1）盤中長時整體呈現橫向走勢，期間股價上下波動極為迅急，猶如心電圖的波動形態。

（2）盤中不時掛出委賣大單，大單成交頻繁。

（3）當天成交量明顯放大。

【形態解讀】

這種盤勢顯然不是市場正常投資所致。結合大盤表現來看，是中短線主力製造頻繁大單交易的「做多」氛圍，以此迷惑市場，進而快速出貨時的一種慣用手法。特別是操盤較為兇狠的短線主力，在維繫股價時，經常會出現這種盤勢形態。

如下頁圖7-10，在維格娜絲2017年4月5的分時圖中，股價在盤中整體呈橫向走勢且上下跳動。這就是心電圖式突擊放量的盤勢。

【買賣點判定】

這種盤勢形態彰顯主力短期內急切想要出貨。個股盤中走勢呈現出人為操作的狀況。從許多出現過這種盤勢的個股來看，這是暴跌行情來臨的明顯訊號，隨後幾天內極可能出現雪崩式的下跌。因此，應在當天就賣出持股出場。

209

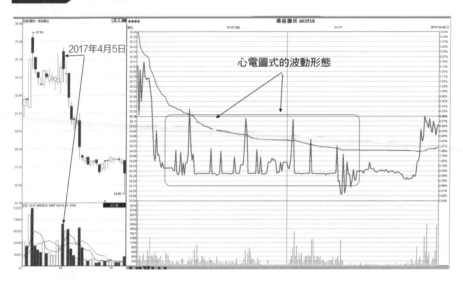

圖 7-10 維格娜絲 2017 年 4 月 5 日的分時圖

【實戰指南】

結合圖7-10進行以下分析。

（1）當天小幅開高後迅即下跌，在盤中低點呈現心電圖式跳動，期間放量明顯。這是主力突擊放量出貨的手法。

（2）該股正處於高位盤整區，當天這種盤勢顯示將展開破位走勢，應當第一時間賣股出場。

知識加油站

除了心電圖式的盤勢波動形態之外，與其相似的盤中「一字」水平線運行，同樣伴隨突擊放量，兩者的市場涵義相近，都顯示短線暴跌走勢的展開。

7-5-2 盤勢刻意放量拉升

【形態特徵】

（1）盤中股價飆升幅度不大，但量能大幅放出，而且在高點呈小幅上下波動。

圖 7-11　盛洋科技 2017 年 3 月 21 日的分時圖

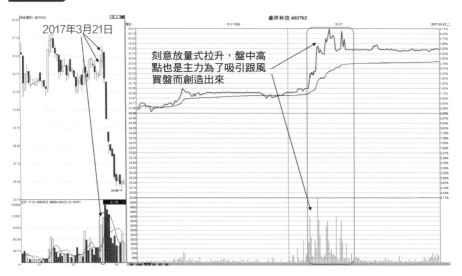

（2）上揚波段和盤中高點量能放大有間斷性，且忽大忽小。

（3）日K線圖上，當天收出中小陽線且放出巨量。

【形態解讀】

　　這是主力拉升盤勢時，採用刻意放量拉升的操作所導致，目的是吸引市場跟風，從日K線圖來看，個股有突破傾向。如圖7-11，盛洋科技2017年3月21日的分時圖中，標注刻意放量拉升的盤勢。

【買賣點判定】

　　盤中刻意放量拉升形態常出現在主力大舉出貨時，盤勢快速上漲且伴隨放量，讓投資人以為相關個股放量突破。這種盤勢常出現在盤整走勢後期，是「假突破、真破位」的訊號。因此，應及時賣出持股出場。

【實戰指南】

　　以盛洋科技為例，該股除了在2017年3月21日出現這種盤勢刻意拉升的形態之外，次日又再度出現。

　　（1）如下頁圖7-12，在盛洋科技2017年3月22日的分時圖中，A、B、C

圖 7-12 ▶ 盛洋科技 2017 年 3 月 22 日的分時圖

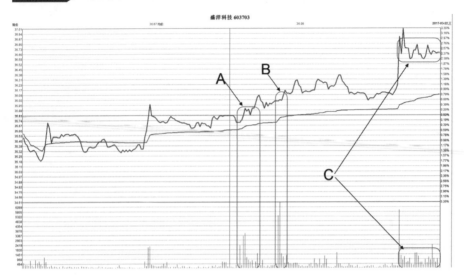

三段走勢中的股價只是小幅度的波動，但成交量呈現突然放大。這正是主力刻意放量的結果。

（2）結合上一交易日有相同的盤勢特徵，我們可以判斷出主力的出貨行為在加速，而且距離該股破位下跌的時間越來越近。

（3）操作上，投資人應在當天及時賣出，以規避暴跌風險。

知識加油站

盤勢刻意拉升使日K線圖往往呈現放量突破狀態，但仔細觀察就會發現，這些交易日的放量幅度過大，已遠超出市場的正常賣壓範圍。這是日K線圖提示主力出貨行為的線索。

7-5-3 盤中閃崩跌停下殺

【形態特徵】

（1）同期大盤走勢較弱，大部分股票處在下跌狀態。

（2）個股處在中線上的高點，近期走勢有較強的抗跌性。

（3）某個交易日的盤中（或開盤後），在漲跌幅較小的情形下，股價

圖7-13 國發股份 2017 年 4 月 27 日的分時圖

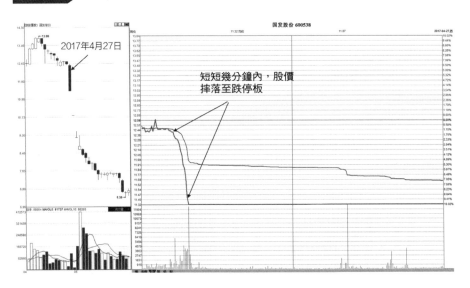

突然向下跌停。這是閃崩且沒有利空消息。

【形態解讀】

「閃崩」是股市走勢疲弱的常見狀況，會出現很多抗跌股。究其根源，是因為股價泡沫、大盤較弱，個股有較大的股價回歸空間。前期因為主力護盤等因素，而沒有隨大盤下跌，但主力護盤畢竟是短暫的，逆市護盤只會虧損慘重。因此，閃崩走勢出現可視為個股補跌的過程。

如圖7-13，在國發股份2017年4月27日的分時圖中，早盤開盤後只是小幅下跌，走勢相對平穩，但隨後出現快速跌停板。這就是盤勢閃崩，將開啟短線暴跌行情。

【買賣點判定】

盤勢閃崩是極端的補跌走勢。在閃崩後的幾天內，即使個股沒有利空消息，但由於補跌空間大，往往會出現連續跌停。因此，在出現閃崩後，與其說是把握賣出時機，不如說是最後的逃命點，也就是閃崩出現當天。

換個角度，在大盤走勢疲弱格局下，如果手中個股相對抗跌而估值又高，極有可能隨著弱勢格局出現閃崩。因此，提前出場是最佳選擇。

圖 7-14　　上證指數 2017 年 2 月至 4 月的走勢圖

2017年4月27日

【實戰指南】

結合圖7-13進行以下分析。

（1）上證指數在2017年4月27日之前出現深幅下跌，如圖7-14所示，這波下跌使得中小型個股普遍跌幅巨大。

（2）國發股份在2017年4月27日之前，日線一直處於高位窄幅整理，並沒有隨大盤同步下跌。正是在這種情形下，個股於當天盤中出現閃崩。

（3）實際操作時，基於國發股份抗跌和同期大盤大幅下跌，使得個股出現巨大的補跌空間。這時候，即使盤勢沒有明顯賣出訊號，也應賣股出場以規避風險。

（4）其實，同期許多抗跌個股陸續在盤中出現閃崩、大幅下跌。

知識加油站

短期內個股可逆大盤運行，但從中期角度來看，若整體股市沒有穩健上揚，個股很難站穩高位區，而這類個股一旦開始補跌，其速度之快、幅度之大往往超出預期。

第 8 章

看到漲停板，怎麼判斷 要加碼還是獲利出場？

8-1

「漲停鎖住」時，搶進第一個漲停板的技巧是什麼？

　　分析主力行為的方法有很多種，漲停板是一個很好的切入點，因為個股之所以能漲停，絕大多數並非源自散戶的力量。漲停板是發現主力行蹤、縮小選股範圍的線索，而且很多主力在拉升個股時，是以漲停板作為啟動表徵。接下來，以漲停板分時圖形態為核心，分析如何利用這些工具把握買賣時機。

　　牢牢漲停的個股，短線衝擊力道非常強勁，為開啟強勢上攻行情的導火線，特別是那些早盤漲停的個股，次日多會大幅開高。因此，如果能在個股上衝漲停時準確預判，及時搶漲停板買進，短線追漲獲利將極為可觀。

⧗ 8-1-1 搶漲停板時觸發準備單

　　所謂「準備單」並非真正掛出去的單子，在搶漲停板交易中，可理解為提前作好準備，但不是真正掛出買單。當我們需要買進時，只要按下確認鍵，就可以發出委託指令。

　　舉例來說，當一檔股票強勢上漲，或是接近漲停在未漲停板前，可以提前輸入買進價格（多是漲停板價格）、買進數量，最後當大單掃盤個股將要漲停板時，按下確定送出買單，在最短時間內發出搶漲停板指令。

　　個股最終是否會漲停，無法準確判斷預測，否則提前買進的成本價不是更低，何需搶漲停板？在準備時，若個股在漲停價位上賣盤數量過多，導致買盤在上衝至漲停板價位時，無法快速打掉這些賣單，我們會在最後一刻放棄買進。

8-1-2 時間早盤10:30前搶漲停板

漲停板之後是否能夠牢牢鎖住，是搶漲停板的核心要素，但在搶漲停板進場後，能否鎖住不是我們能準確預判的。因此，只能從已知的角度把握強勢股。一般來說，漲停板時間越早，短線上攻力道越強。

搶漲停板的關鍵就是時間因素，實力強大的主力一般會選擇在早盤階段拉升、漲停板。10:30之前出現的漲停板短線攻擊力較強，次日開高的幅度往往較大。午盤後，特別是尾盤階段才漲停板的個股，次日開高幅度較小，不宜搶漲停板買進。

8-1-3 第一個漲停板的風險最小

漲停板是個股強勢啟動的訊號，一些短線強勢股往往是以連續漲停板的形態出現，但這畢竟是少數，很多個股在連續兩個、甚至一個漲停板之後，就出現上漲乏力的情況。

此外，還有一些目的在吸引跟風買盤、本意在出貨的漲停板。即使如此，這些漲停股在第一個漲停板出現後的一、兩個交易日，也不會表現太差。如果在個股最近的第一個漲停板進場，將大大降低短線追漲的風險。

8-1-4 配合股本、消息題材催生飆股

漲停板的短期強勢上漲源自資金推動，如果個股整體股本過大，意味著主力難以有足夠實力維繫股價，在個股上漲時多空分化也會異常激烈。一般來說，小型股漲停板的成功率更高，而那些總股本規模較大的個股，往往很難一次鎖住，因此不應貿然進場搶漲停板。

但若有題材助陣，即使業績平平的個股也能一飛衝天，沒有題材，則難免受人冷落。題材是支撐個股持續強勢上漲的關鍵，若有焦點題材支撐，個股短期上漲的氣勢與力道將更具潛力，這也是我們應重點關注的標的。

有題材支撐的漲停個股，往往帶動一波題材行情。投資這類個股，短線風險小、潛在獲利大。至於沒有題材支撐的漲停股票，雖也有短線突破行情，但短期上漲勢頭往往沒那麼兇猛。

個股走勢強勁，離不開良好的大盤環境，因此觀察股市整體趨勢至關重要。一般來說，在上升和盤整趨勢中，都可以搶漲停板，但在下跌趨勢就不宜貿然出手。

⏳ 8-1-5 漲停位置和盤中震幅

同樣的大盤趨勢下，個股走勢卻千差萬別。觀察個股走勢也是搶漲停板的重要一步。一般來說，在個股累計漲幅不大的區域，特別是長期盤整後的突破點，是搶漲停板的最好位置，因為這往往就是主力短期強勢拉升個股的訊號。此時搶入，就能以最短時間獲取最高獲利，等於買在個股一波強勢上揚的起漲點上。

相反地，如果個股短期的漲幅較大，或是前期累計巨大漲幅，這時出現的漲停板更有可能是主力出貨手法的展現，貿然搶漲停板的風險較高。

此外，盤中震幅也是一個關鍵要素：盤中震幅較大，則當天多方力量的消耗也較大，漲停板成功率較低。相反地，開高走高、順勢漲停板，可以有效借助市場追漲力量，漲停板成功率將大大提升。

知識加油站

衡量一筆交易是否值得去做，有個很重要的參考指標就是「風險與收益」的機率。如果搶漲停板只是為了獲取個股短線的一波小反彈，或是次日衝高後賣出，代表在參與前就已進入危險地帶，因為我們的預判不一定準確，一旦搶入後，個股無法鎖住漲停板，將會承擔較大的短線風險。

衡量搶漲停板的收益與風險，要分析趨勢狀況，判斷個股隨後是否有充足的上漲空間。趨勢行情不同，操作風險也不同，例如：在低位區搶漲停板，風險自然低得多。

8-2

「個股強勢漲停」的出現，
次日多半會暴天量

8-2-1 次日盤中節節走弱型

【形態特徵】

（1）個股在早盤10:30前快速上衝，鎖住漲停板直至收盤。

（2）次日開盤後慣性衝高，但隨後開始震盪下滑，直至收盤。當天成交量巨幅放大，遠遠高於之前的均量水準。

【形態解讀】

強勢漲停板代表短線上攻行情展開，但也可能是主力拉升出貨的一種手法。個股次日在盤中長時間震盪下跌且放出天量，是資金大力出逃的訊號，顯示短線上攻行情結束。

如下頁圖8-1，在美邦服飾2016年11月22日的分時圖中，A段開高後強勢運行，B段順勢上揚，鎖住漲停板至收盤，是個強勢型的漲停板。如圖8-2所示，次日開盤衝高後震盪下跌一整天，並從日K線圖看出當天放出天量。

這種盤勢形態，是短線上攻走勢觸頂的訊號。短線操作上，可以結合同期的大盤運行，採取2種方法賣出。第一種方法是，若同期大盤走勢平穩，漲停板次日盤中應減少持股，若次日不能開高走高、向上突破，應及時出脫持股。另一種方法是，當同期大盤走勢較弱，應在漲停板次日就出場。

【實戰指南】

結合圖8-2進行以下分析。

圖 8-1　美邦服飾 2016 年 11 月 22 日的分時圖

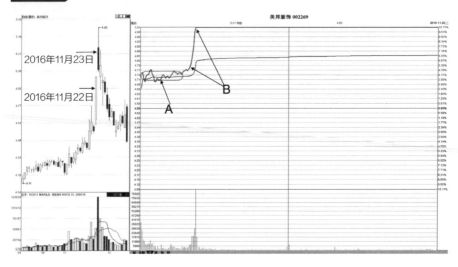

圖 8-2　美邦服飾 2016 年 11 月 23 日的分時圖

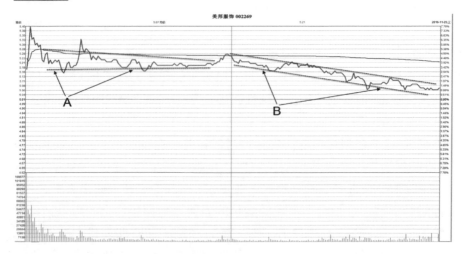

（1）A段走勢一直位於均價線下方，空方力量占據主動。

（2）午盤後股價開始震盪下滑，顯示主力當天無意再度拉升。此時，投資人可減少持股。次日如果個股沒有強勢上漲、收復失地，則投資人應在盤中逢高賣出。

知識加油站

　　成交量來自買賣雙方的交易，漲停板次日，股價自然位於短線漲幅較大的位置點。若個股不能延續之前的強勢，就會引發大量獲利了結出場，短線上很容易出現快速下跌。

8-2-2 次日盤中先弱後強型

【形態特徵】

　　（1）個股在早盤10:30前快速上衝，鎖住漲停板直到收盤。

　　（2）次日開盤後慣性衝高，隨後開始震盪下滑，但在午盤後走勢轉強，震盪攀升收盤。

【形態解讀】

　　與上一種「強勢漲停板次日盤中節節走弱」不同，此形態盤中走勢有轉強的傾向。結合強勢漲停板上攻資訊來看，只要個股中短線漲幅不是很大，就顯示主力仍有意做多，短線整理後可能迎來新一波上漲行情。

　　如下頁圖8-3，觀察和順電氣2016年3月18日的分時圖，呈現開高後快速鎖住的強勢漲停形態。下頁圖8-4是該股2016年3月21日的分時圖，A段為弱勢震盪下跌，但午盤後B段走勢明顯轉強。

【買賣點判定】

　　強勢漲停板個股次日在盤中出現由弱轉強的走勢，顯示短線仍有上攻動力。根據規避風險的原則，在操作上可以採取分階段賣出的策略：當天收盤時，先稍稍減少持股。次日和隨後幾天，若個股能再度漲停強勢上攻，則可持有，若相反則陸續減少部位，以規避短線高點的調整走勢。等到短線站穩後，再擇機進場。

【實戰指南】

　　結合圖8-4進行以下分析。

　　（1）A段弱勢下跌，B段明顯震盪走強，是多方力量轉強的訊號。

圖 8-3 和順電氣 2016 年 3 月 18 日的分時圖

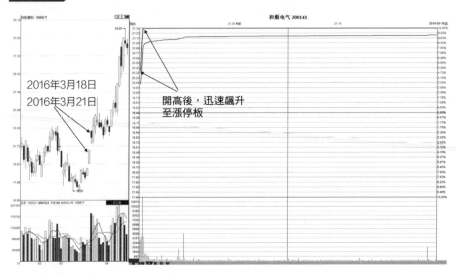

2016年3月18日
2016年3月21日

開高後，迅速飆升
至漲停板

圖 8-4 和順電氣 2016 年 3 月 21 日的分時圖

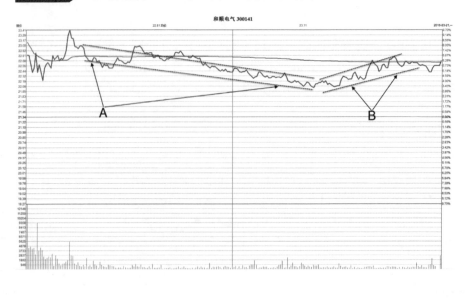

（2）當天放量效果只是之前均量的3倍左右，資金出逃不明顯。

（3）短線操作時，個股有望再度上攻，可以繼續持有該股。

知識加油站

　　漲停次日的放量幅度是一個關鍵因素，如果形成突兀式的巨量，大多表示短線觸頂。相反地，如果量能放大效果能夠持續，股價短線有望再度上攻。

8-3

「二次突破上攻漲停」的對策，可以適時突擊搶漲停板

 8-3-1 早盤飆升漲停板

【形態特徵】

（1）個股之前出現一個漲停板，隨後數日回檔整理。

（2）再度出現漲停板，個股呈突破上攻態勢。

（3）當天股價為早盤快速飆升、強勢漲停板的形態。

【形態解讀】

二次出現的早盤強勢漲停板，代表主力強烈的拉升行為，也顯示展開新一波上攻行情。之前出現的第一個漲停板因為引發多空分歧，短線有回落調整的需要，二次出現的漲停板也是清洗浮籌、啟動行情的訊號。

如圖8-5，觀察韓建河山2016年9月7日的分時圖中，在2016年8月24日漲停突破之後，出現較大幅度的回檔，然後2016年9月7日再度出現漲停，而且是早盤快速飆升的強勢漲停板形態。這就是一個早盤飆升的二次突破上攻漲停板。

當發現這類個股時，從K線圖可以看到之前的漲停板突破和回落。此時的早盤衝漲停板，再度以漲停方式向上突破的成功率較大，應做好搶漲停板買進的準備。在漲停價位上，一旦出現大單連續買進，並且力道強大，可以適當進場搶漲停板。

圖 8-5　韓建河山 2016 年 9 月 7 日的分時圖

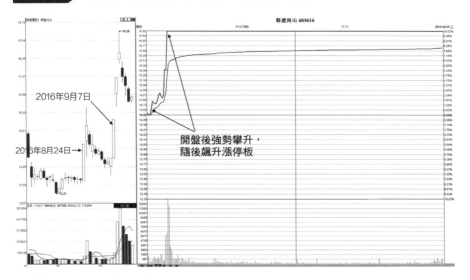

【實戰指南】

結合圖8-5進行以下分析。

（1）2016年8月24日的漲停板出現在低位盤整之後，因此可說是主力做多較為可靠的訊號，可視為首次低位突破。隨後的回檔整理，更宜看作是清洗浮籌的短暫行為。

（2）2016年9月7日早盤逐波上揚，非常強勢，隨後開始飆升漲停，衝漲停板時的量能充分放大，大買單連續進場。此時可以搶漲停板買進。

知識加油站

二次突破時啟動上攻，特別是早盤飆升、衝擊漲停板形態，鎖住漲停板的成功率很高，因為已有之前一個漲停板提前準備。因此，在大盤走勢相對穩健的情形下，值得進場搶漲停。

8-3-2 溫和放量無法漲停

【形態特徵】

（1）個股之前出現一次漲停板，隨後數日回檔整理。

（2）再度出現漲停板，使得個股呈突破上攻態勢。

（3）當天漲停板為盤中鎖住漲停板，但無法鎖住，股價在附近運行，或是多次小幅度打開漲停板，至收盤前才勉強鎖住。

（4）雖然在盤中高點無法鎖住漲停，但當天量能未見大幅放出，僅是溫和小幅放量。

【形態解讀】

二次突破的上攻漲停板，股價已創出近期新高，中短線獲利個股較大，漲停板無法鎖住，勢必引發強烈的多空分歧，但個股當天僅是溫和放量。這說明經歷之前的漲停和回落波段，個股籌碼的鎖定度更高。這是主力利用之前漲停板進行買股的表徵。溫和放量的二次突破上攻漲停，可視為強勢主力發起新一波拉升行為的訊號，將有一波上攻行情。

如圖8-6，觀察貴研鉑業2016年6月15日的分時圖，在2016年6月1日漲停突破後，經歷小幅度回檔，然後2016年6月15日再度漲停。當天早盤股價持續上揚，於盤中高點順勢漲停板，但無法鎖住，收盤前才鎖住漲停。這就是溫和放量但無法鎖住的二度突破上攻漲停板形態。

【買賣點判定】

二度出現的漲停板，一般來說，若代表主力的拉升行為，隨後出現回檔的機率較小。因此，確認當天量能溫和放大的情形下，預測將順勢漲停板，在盤中高點或是漲停價位附近，可以追漲買進。

【實戰指南】

結合圖8-6進行以下分析。

（1）當天盤中走勢十分強勁，早盤在盤中高點處，可以看到股價穩健向上攀升，幾乎沒有任何回落。這說明主力牢牢控制盤面，市場賣壓很輕。

（2）午盤後，雖然無法鎖住漲停板，但這只是因為主力未用大單買進。參考此時量能僅是溫和放大，判斷這是拉升前一次清洗浮籌的操作：利用漲停板無法鎖住的形態，洗掉不堅定的獲利籌碼。

（3）做出以上分析後，追漲買進是明智的策略。

圖 8-6 貴研鉑業 2016 年 6 月 15 日的分時圖

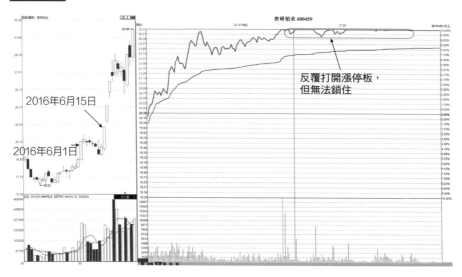

知識加油站

　　無法鎖住的漲停板勢必引發較強的多空分歧，但溫和式放量顯示多空分歧不明顯，整合兩者形態，展現出的市場涵義就是主力資金勢力較強，手中籌碼多。因此，當出現這種組合形態，可視為上漲訊號。

8-4

「漲停式買股放量」表示，多空力量分歧較大

8-4-1 反轉式放量漲停板

【形態特徵】

（1）個股短線跌幅大，因為有利多或題材的刺激，而先於低點出現縮量漲停。

（2）次日個股開高走高，股價在盤中高點停留時間較長，午盤之後才漲停板。

（3）當天明顯放量，放大幅度是之前均量的3倍以上。

【形態解讀】

反轉點的漲停板，個股短線漲幅較大，量能也放大，顯示多空分歧明顯。這時候，很難判斷個股是反彈結束、開始下跌，還是整理後繼續上攻，答案取決於主力隨後的市場操作。建議結合個股走勢來判斷：若個股能在短線高點強勢震盪不回落，顯示有資金積極運作，代表後市可期，若相反則最好放棄。

滄州明珠發佈公告後，引發強力買盤：2016年3月1日，公司預計2016年1~3月淨利比上年同期成長200%~250%，達9,394.50~10,960.25萬元。主要原因是BOPA薄膜和鋰電池隔膜產品帶動，新增產能得到有效釋放，因此2016年第一季鋰電池隔膜產銷量較2015年同期大幅成長。

顯見滄州明珠的業績成長源於主力業務，是持續性的利多。如圖8-7，該股於2016年3月1日出現縮量漲停、次日放量漲停，反映這個利多消息。該

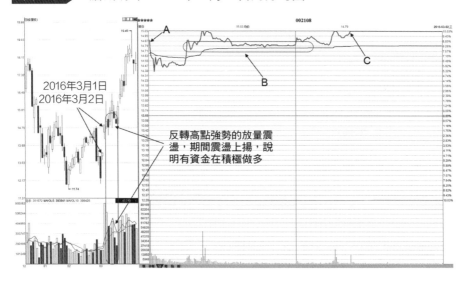

圖 8-7　滄州明珠 2016 年 3 月 2 日的分時圖

股於2016年3月2日的放量漲停，就是所謂「反轉式放量漲停板」。

【買賣點判定】

　　反轉出現放量漲停板，說明多空分歧較大，而個股短線漲幅較大，因此不宜馬上進場追漲。應多觀察幾天，看是否有資金在短線高點積極承接，再決定買進或賣出。

【實戰指南】

　　結合圖8-7進行以下分析。

　　（1）兩個漲停板的反轉起因於業績的強勢增長，而且業績增長預期較好，因此股價反轉上行有支撐。

　　（2）當天大幅度開高（A點所示），隨後在盤中強勢運行。在圖中B段走勢中，可以看到股價穩定運行於均價線上方，沒有出現回落。這說明資金在盤中高點積極承接。午盤後，在C點處順勢漲停板。

　　（3）但由於當天量能放大較為明顯，且短線反轉幅度已達20%，因此不宜當天追漲買進。

　　（4）下頁圖8-8標示該股2016年1月至5月的日K線走勢，可以看到反轉

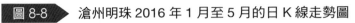

圖 8-8　滄州明珠 2016 年 1 月至 5 月的日 K 線走勢圖

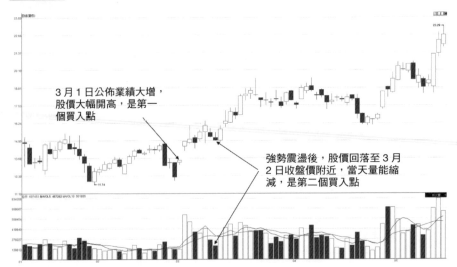

3月1日公佈業績大增，
股價大幅開高，是第一
個買入點

強勢震盪後，股價回落至3月
2日收盤價附近，當天量能縮
減，是第二個買入點

漲停板後，股價強勢震盪整理不回落，說明資金積極承接。如圖中標注，當
股價回落至3月2日收盤價附近且縮量明顯，表示短線回測後獲得支撐，是進
場買股的時機。

知識加油站

　　除了技術形態之外，還要關注引發反轉的因素。一般來說，題材面引發
的反轉持續性不強，追漲風險大，必須嚴格控制參與部位。業績持續釋放引
發的反轉，能支撐股價上攻，持續性較強，追漲時的風險比較小。

8-4-2 空中加油，紅三兵組合形態

【形態特徵】

　　（1）個股因利多驅動或題材炒作，出現無量一字板的漲停上攻。

　　（2）打開漲停板後，於短線高點接連出現3根中小陽線，使得股價再度
上揚。這是紅三兵組合形態。

　　（3）這3個交易日的量能放大較為充分。

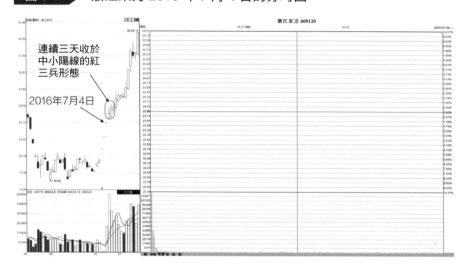

圖 8-9　浙江東方 2016 年 7 月 4 日的分時圖

【形態解讀】

　　無量一字板之後，股價進入多空分歧激烈區域。出現放量紅三兵形態，顯示有大規模資金在短線高點積極承接，而且做多意願較強。這可視為個股飆升途中一次短暫的空中加油，顯示隨後仍有上漲空間，是短線繼續看漲的訊號。

　　如圖8-9，在浙江東方2016年7月4日的分時圖中，該股連續3日收於無量一字板，隨後則是放量紅三兵的組合。這種形態就是漲停板高點的一次「空中加油」。

【買賣點判定】

　　無量一字板伴隨放量紅三兵，個股在短線飆升過程中沒有任何回檔，也展現主力一氣呵成的拉升方式。因此，針對這些短線飆股，追漲雖然有被套風險，但只要控制好部位，還是能讓短線預期獲利高於風險。

【實戰指南】

　　結合圖8-9進行以下分析。

　　（1）股價呈現短線飆升，顯然獲得主力資金大力炒作，完全啟動該股

走勢。

（2）連續無量一字板後的放量紅三兵形態，顯示個股在短線高點拒絕回檔，在短暫的空中加油後，有望展開新一波上攻。

（3）基於個股短線漲幅較大，在追漲時應當控制部位，並設定停損價位，一旦發現股價滯漲，要果斷賣出以規避風險。

知識加油站

面對這種強勢飆升形態，較好的操作策略是相對激進的追漲，風險總是高一些。此時嚴格控制部位，顯得十分重要。

8-5

「拉尾盤鎖住」的幅度越大，次日開低的可能性越高

8-5-1 短期高點拉尾盤漲停

【形態特徵】

（1）個股的短線漲幅較大。

（2）當天盤中股價走勢相對平穩，大多處於上漲狀態，在收盤前更是快速飆升、最終漲停板。

【形態解讀】

握有大量籌碼、能支配股價的主力在拉升個股時，很少選擇在尾盤運作，拉尾盤、運作收盤價的手法反而是主力出貨時常見的手法。因此，結合個股短線漲幅較大這一點來看，拉尾盤漲停板是主力出貨的訊號，顯示短線上攻走勢結束、股價即將反轉。

如下頁圖8-10，在山東海化2017年1月6日的分時圖中，該股當天盤勢走勢較強，但午盤後股價開始震盪走低。這是空方力量開始占據優勢的訊號。尾盤一改常態，股價大幅飆升，最終以漲停收尾。日K線圖上，個股的短線漲幅極大。這就是「短期高點拉尾盤漲停板」的組合形態。

【買賣點判定】

短期高點一旦出現拉尾盤漲停板，次日往往開低，而且拉尾盤的幅度越大，次日開低的幅度越大。因此，當天拉尾盤漲停板，就是最佳短線逢高賣出時機。

山東海化 2017 年 1 月 6 日的分時圖

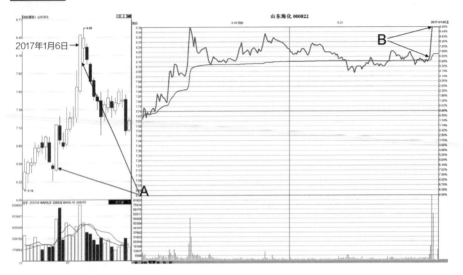

【實戰指南】

結合圖8-10進行以下分析。

（1）從左側的日K線圖，可以看到股價的短線漲幅較大，當天處於短線高點。

（2）當天早盤強勢上漲，但午盤後開始轉弱，收盤前拉尾盤幅度較大，接近4%，使收盤價遠離當天的均價。

（3）結合個股短線走勢特徵和拉尾盤漲停板的市場涵義，可解讀為主力在高點有意出貨的訊號。因此，應及時賣出持股。

知識加油站

拉尾盤漲停板是主力運作收盤價的特殊形態。有些個股在收盤前快速上漲，卻沒有漲停板，但市場涵義與拉尾盤漲停板相同。一般來說，只要出現在短線漲幅較大的位置點，便可視為主力短線出貨的訊號，顯示股價將展開回落走勢。

圖 8-11 盛洋科技 2016 年 5 月 16 日的分時圖

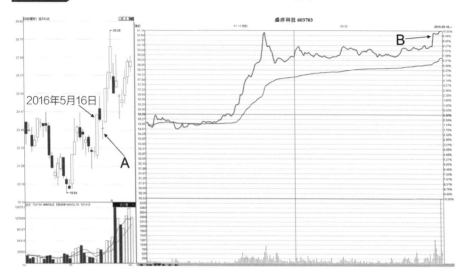

8-5-2 強勢盤勢順勢漲停板

【形態特徵】

（1）個股短線漲幅較小，當天大多處於整理後的突破點。

（2）股價走勢強勁，午盤之後一直於高點運行，均價線有較強的支撐作用。

（3）收盤前一段時間，在大盤穩健的背景下，股價順勢上漲，幅度不大，但成功漲停板。

【形態解讀】

盤勢強勁順勢漲停板，是在股價離漲停較近的位置點出現，可視為多方力量的進一步釋放。當這種盤勢出現在日K線圖上，具有突破位置意義的點位時，就是一個明確的做多訊號，顯示主力有意拉升股價，將展開一波上攻行情。操作時，應看多做多。

如圖8-11，在盛洋科技2016年5月16日的分時圖中，早盤階段，股價強勢上漲，在盤中高點一直強勢運行至收盤前一段時間，之後股價再度小幅上揚，並鎖住漲停板。這就是強勢盤勢下的順勢漲停板。

【買賣點判定】

強勢盤勢下的尾盤順勢漲停板，雖然展現當天做多力量的一致性，但尾盤漲停板畢竟是實力較弱的主力，結合大盤走勢而採取的拉升手段。

尾盤漲停板通常會引發次日多空分歧加劇，因此在把握買點時，應在隨後一、兩天盤中震盪回檔時介入。這樣既可以規避誘多陷阱，又能進一步觀察空方賣壓的輕重。

【實戰指南】

結合圖8-11進行以下分析。

（1）當天的漲停板是該股震盪上揚過程的第二次漲停，且出現在短線回檔低點，因此從日K線形態來看，是出現新一波上攻走勢的訊號。

（2）該股當天盤勢強勁，早盤飆升幅度大，股價運行穩健至尾盤順勢漲停板。當天盤中較大的震幅勢必引發多空分歧加劇，獲利個股出場。因此，短線操作上，追漲並非明智的策略，應等待短線調整時，再進場加碼。

知識加油站

出現順勢漲停板，特別是短期內的第二次漲停板，個股上攻勢頭已較為清晰，雖然短線多有調整，但調整幅度一般很小、回檔時間也很短暫。在大盤穩健的前提下，當股價短線回落至順勢漲停板當天均價線附近，就可以伺機進場。

第 9 章

建立自己的分時交易規則，
提升短線操作勝算

9-1

依循選股四重奏：
看趨勢、波段、分時與業績

　　成功投資人除了掌握必要的知識、技能與經驗之外，還要懂得整合運用，並形成一個適合自己的系統。失敗的方式往往有千百種，但成功的經驗似乎存在著共通性。接下來將結合實戰經驗，介紹短線分時交易中的要點與策略，幫助投資人構建自己的分時投資系統。

　　選股並非單純地選擇股票，因為股票再好，業績增長持續性再強，投資人若不能在好的時機進場，結果也是虧損。為了把握正確的選股方法，需要兼顧4個方面：趨勢、波段、分時與業績題材。

9-1-1 看趨勢方向

　　趨勢是技術分析的核心，正確把握趨勢，就能從總體的角度來審視股價走勢，不必過份拘泥股價的短期波動，輕鬆實現獲利。這就是順勢而為的操盤之道。

　　如圖9-1，在中百集團2016年1月至2017年2月的走勢圖中，將股價整體波動過程中的每日均價進行連接，就能大致看出趨勢走向。如圖9-1中標注的位置點，雖然股價上下波動，但可以畫出一條傾斜向上的「均線」，代表趨勢方向。

　　這時候，個股正處於暴跌後的低點，也就是估值低點。可以畫出一條向上傾斜的均線，代表上升趨勢形成並延續的可能性極大。實戰中，在得出這樣的判斷後，可以把握回檔時低價買進，並耐心持有，不必過度關注短線波動和分時盤勢。

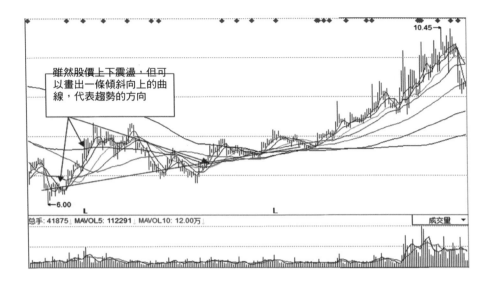

圖 9-1　中百集團 2016 年 1 月至 2017 年 2 月的走勢圖

雖然股價上下震盪，但可以畫出一條傾斜向上的曲線，代表趨勢的方向

在趨勢相對明朗的情形下，分時圖交易方法顯得不是那麼重要，但由於股市的多變性，顯而易見的升勢並不常見，在大多數時候，仍要依賴分時技術分析技巧，以爭取短線獲利。

9-1-2 看波段走勢

大幅的升勢或跌勢並不常見，股市和個股常以波動的方式不斷運行。在難以判斷趨勢的情況下，應著眼於「波段」這個相對較小的範圍。波段回檔後的低點，是買進時機。波段上漲後的高點，是賣出時機。若能結合分時圖來把握波段的高低點，短線交易能力會進一步提高。

如下頁圖9-2，在陝鼓動力2016年5月至9月的走勢圖中，股價有緩步上升的趨勢，說明多方力量占據優勢，但由於當時整體股市處於橫向整理，所以個股上升趨勢並不牢靠。

操作時，在圖9-2中標注的回落低點買進更為妥當，因為從中線角度來看，個股維持升勢的機率大，從短線角度來看，也是空方賣壓釋放較為充分的位置。

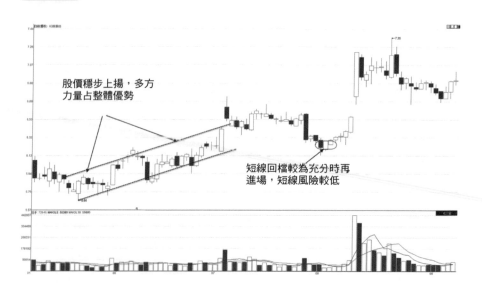

圖 9-2　陝鼓動力 2016 年 5 月至 9 月的走勢圖

股價穩步上揚，多方
力量占整體優勢

短線回檔較為充分時再
進場，短線風險較低

9-1-3 看分時形態

如果說波段高低點讓我們選擇時機，那麼分時圖能幫助我們選擇具體個股。大盤指數的波動容易受成分股的影響，獲利空間小，因此需要挑選有潛力的個股。結合短線波段高低點來看，分時圖是選定個股的重要依據。

若某檔個股出現明顯看漲的分時圖形態，大多顯示獲得主力資金的運作，短線上攻力道更大。相反地，當某檔個股出現明顯看跌的分時圖形態，顯示資金出逃，短線下跌力道也會變大。

如圖9-3所示，國盛金控2016年12月2日的分時圖中，早盤股價強勢上揚，午盤後節節走低。這是「放量過山車」的盤勢。參考前文中相關的講解，我們知道這是主力在盤中反手出貨的訊號，顯示個股短期內將出現下跌走勢，是賣出訊號。

9-1-4 看業績題材

股市對消息相當敏感，一些看似不重要、對企業當前業績沒影響的消息

國盛金控 2016 年 12 月 2 日的分時圖

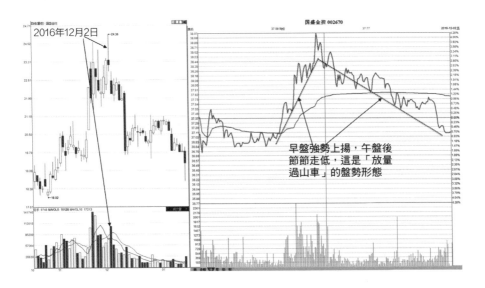

卻能夠觸發股價大幅波動。如果無法掌握這樣的特性，很難進行短線交易。消息以題材的方式呈現，因此在參與短線交易時，還要關注個股的題材面，並弄清楚這個題材的持續性：市場對題材的追捧是曇花一現的，還是可以持續一段時間？進而選擇追漲買進，還是靜觀其變。

　　如下頁圖9-4，在天齊鋰業2017年2月22日的分時圖中，早盤該股放量飆升非常強勢，顯然有主力在積極推升。日K線圖上，股價突破低位盤整區，打開上升空間。從日K線圖與分時圖的技術面來看，個股有上漲空間，值得中短線買股進場。但是，如何預期個股的中短線上漲空間呢？

　　若能結合新能源題材來分析，可以得出更準確的結論。當時在股市中，新能源題材備受關注，而且符合政策導向，是未來經濟發展的重要方針之一，因此這個題材有持續性。實戰中，在把握短線買進點後，不必急著獲利了結，可以耐心持股，等待題材充分挖掘或炒作，也就是股價實質飆升時，再考慮賣出。

圖 9-4　天齊鋰業 2017 年 2 月 22 日的分時圖

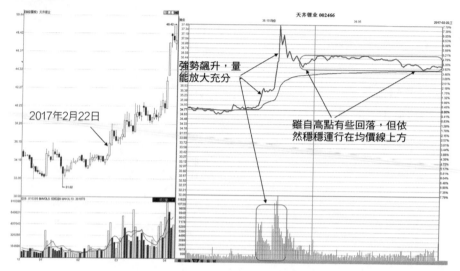

2017年2月22日

強勢飆升，量
能放大充分

雖自高點有些回落，但依
然穩穩運行在均價線上方

9-2

做短線交易，要買對補漲股、漲 30% 賣出，以及……

　　短線交易著重在技術分析，特別是對於分時圖形態的把握。此外，應當結合大盤情勢、題材面等因素加以分析。

9-2-1 找出強勢股，大膽出擊進場

　　股市有強者恒強的規律，特別是短線走勢。就短線交易來說，追漲強勢股是個不錯的方案。但有一點要注意，這種追漲操作較適合在牛市或盤整。在快速下跌的趨勢中，追漲的風險極大，不宜貿進。

　　追漲操作有許多時機，例如：漲停板突破啟動、早盤分時線強勢飆升啟動、連續漲停後空中加油等。當使用這些技術時，可以關注大盤走勢，如果同期大盤快速下跌，個股即使出現這些買進形態，也不宜進場追漲。但如果大盤還算穩健，可以大膽出擊。

　　接下來，介紹一個追漲技術形態，比較大盤走勢與個股運行，找出階段性強勢股後，展開追漲操作。

　　如下頁圖9-5，在立訊精密2016年11月至2017年6月的走勢圖中，疊加同期的上證指數走勢。對比圖中標注的區域可以發現，在大盤震盪下跌時，個股卻在震盪攀升，呈現「逆市緩升」的形態。

　　逆市緩升是指個股在某段時間的走勢明顯強於大盤，特別是大盤震盪下跌，個股卻逆勢緩緩上漲。逆市緩升的走勢顯示有主力積極運作，一旦大盤走勢趨穩，主力極有可能快速拉升。對於這類個股，可以在其啟動前事先佈局，獲取主力拉升的成果。

圖 9-5 立訊精密 2016 年 11 月至 2017 年 6 月的走勢圖

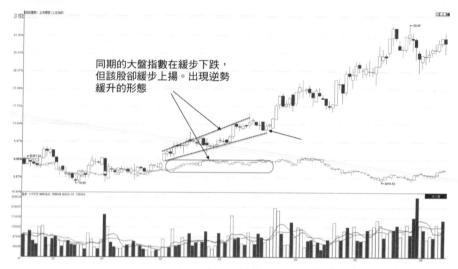

同期的大盤指數在緩步下跌，但該股卻緩步上揚。出現逆勢緩升的形態

⌛ 9-2-2 題材龍頭股，是短線追漲的最佳目標

題材股是引發個股上漲的導火線，也受到主力中短線的青睞。有題材的個股，主力在炒作時容易引發市場追漲，個股也可能出現連續漲停的強勁飆升。

圖9-6和圖9-7分別是界龍實業2017年2月14日、外高橋2017年2月14日的分時圖。2檔個股在盤中同步啟動、快速飆升，都與市場炒作上海本地股有關。透過對比可見，界龍實業是這波題材炒作中的龍頭股。操作時，由於龍頭股短線漲幅往往相當可觀，是短線追漲的最佳目標。

⌛ 9-2-3 個股啟動補漲，中短線上攻空間寬廣

良好的大盤氛圍給了個股表現機會，但有些個股表現常常慢半拍。對於大盤來說，這些個股是滯漲，但蘊含補漲的機會。一旦因為利多消息或題材炒作而展開上攻，中短線上攻空間相當大。

對於同類題材，市場的挖掘有一定的過程，在龍頭股的示範作用下，同類股或是同類題材中一些仍未啟動的個股，往往有很好的補漲潛力。除了龍

圖 9-6 ▶ 界龍實業 2017 年 2 月 14 日的分時圖

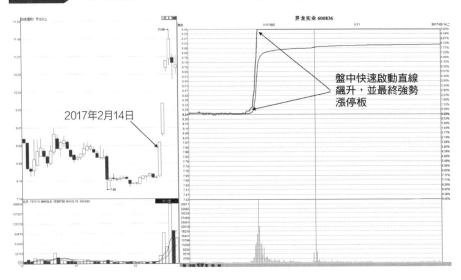

圖 9-7 ▶ 外高橋 2017 年 2 月 14 日的分時圖

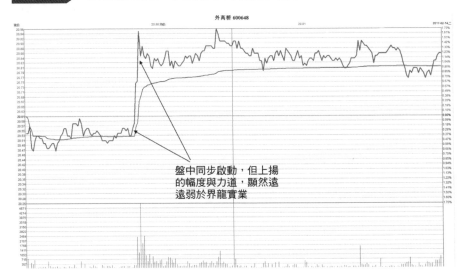

頭股催生的補漲機會之外，一些個股還可能因為在大盤持續攀升期間沒有上漲，而於隨後出現補漲走勢。

圖 9-8　栖霞建設 2017 年 4 月 11 日的分時圖

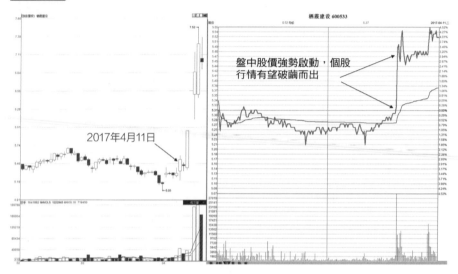

　　如圖9-8，栖霞建設2017年4月11日的分時圖，就是典型的補漲形態。2017年4月11日前的走勢明顯弱於同期大盤，從中長期來看，該股處於低位區。題材面上，栖霞建設是雄安新區的概念股，同期相關個股多已大幅飆升，因此它有著很好的補漲空間。一旦主力選擇操作，有望開啟短線上攻行情。

　　當天，該股在午盤後出現明顯飆升，顯示有資金在積極運作，加上個股題材的補漲空間，此時可以積極佈局，等待主力拉升。

　　沒有隨大盤同步上漲的個股，在後期有更好的補漲潛力，但前提條件是補漲走勢必須由主力發動，否則補漲的幅度會很小，參與波段意義不大。因此，對於有補漲潛力的個股，唯有出現明顯的啟動訊號（代表主力有意拉升該股）時，才適合波段介入。

9-2-4 出現補跌訊號，及時賣出鎖住獲利

　　有補漲類型的個股，就有補跌類型的個股。當某檔個股階段性走勢明顯強於大盤時，可以看作是強勢股，但這只是階段性的。如果大盤走勢長期低迷，主力很可能放棄運作，轉而開始出貨，就會出現巨大的補跌空間。

圖 9-9 ▶ 新黃埔 2016 年 10 月至 2017 年 5 月的走勢圖

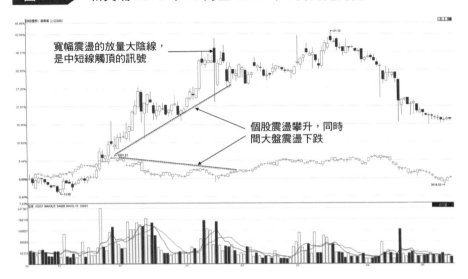

寬幅震盪的放量大陰線，
是中短線觸頂的訊號

個股震盪攀升，同時
間大盤震盪下跌

　　如圖9-9，新黃埔2016年10月至2017年5月的走勢圖疊加同期的上證指數走勢。在圖中標注區域內可以看到，在同期大盤震盪下滑之際，該股卻逆市上揚，且累計漲幅較大，但在逆市上揚的高點出現一個寬幅震盪的放量大陰線，當天震幅極大、量能巨幅放出。這就是局部高點出現的明確反轉訊號。

　　操作上，投資人應當規避該股隨後可能出現的補跌走勢，及時賣股出場、鎖住獲利。

⏳ 9-2-5 中短期大漲30%賣出

　　30%是一個中短線遇到壓力較重的位置區。如果某檔個股沒有類股題材配合，沒有焦點支撐，在短期內飆升幅度近30%，意味中短期已失去上漲動力，此時容易出現深幅調整。因此，從中短線角度來看，只要沒有業績持續增長作為支撐，中短線獲利30%後賣出，特別是在股市處於震盪整理的情形下，是較為穩妥的作法。

　　從股價走勢的經驗來看，短期飆升30%賣出的操盤方法適用於各種場合，牛市、震盪或熊市均可。在牛市中，個股波段飆升30%，股價遠離中長期均線，有再度向均線靠攏的傾向。在大盤震盪格局中，個股經過波段30%

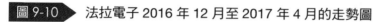

圖 9-10　法拉電子 2016 年 12 月至 2017 年 4 月的走勢圖

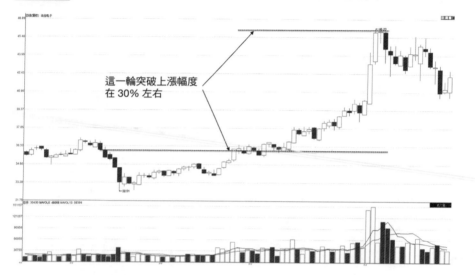

這一輪突破上漲幅度
在 30% 左右

飆升後，達到箱體上沿，再度跌回箱體區的機率很大。在熊市中，個股經歷一波30%飆升後，將觸及中長期均線MA60，而這個位置會遭遇很大壓力。

　　如圖9-10，在法拉電子2016年12月至2017年4月的走勢圖中，個股先是緩慢上揚，隨後加速上攻，呈現緩升後的飆升形態。

　　一般來說，從緩升走勢中的突破點算起，到短線飆升後的高點，累計漲幅達到30%左右時，會遇到較大的壓力，既有短線獲利賣壓，也有之前套牢的解套賣壓。因此，賣股出場是較明智的選擇。如果短線上仍看好個股上攻走勢，可以採取倒金字塔式方式，逐步減少持股部位。

9-3

偶爾想做中長期投資，
你需要知道 4 件事

　　做短線交易要有充裕的時間與精力，具備較強的短線技術分析能力和敏銳的市場嗅覺。但是，大多數投資人都心力有限，難以因應個股短期內的快速波動。因此，不妨將投資重點放在個股的中（長）線走勢。接下來，分析中（長）線的投資策略。

⏳ 9-3-1 技術面與基本面配合

　　某檔個股能否走出較明朗持續的上升行情，大多是中長線主力在從中運作，而這些主力選擇個股時，往往將個股是否有業績支撐作為重要條件。畢竟從中長線的角度來看，股市仍是以價值為核心。「價格向價值靠攏」既是經濟學中的基本原理，也是股市中任何形式炒作的最終根源。

　　那麼，針對基本面的具體實戰方法是什麼呢？

　　一是看估值，既要結合行業特性，也要結合股市和個股的歷史估值。若從歷史走勢來看，某檔個股處於低估狀態，中長線持有這樣的個股將相對安全。

　　二是看上市公司的發展潛力，這取決於行業的發展前景，也要看公司自身的能力。

　　三是看上市公司的重大投資，有些公司很可能在某個領域投入大量資金，但不會馬上轉化為公司利潤，因此要正確分析這些重大投資，是否直接關係個股中長線的飆漲機會。

　　就技術面而言，應關注股市的整體運行趨勢。當股市處在下跌或高位區

圖 9-11 ▶ 濟川藥業 2016 年 1 月至 11 月的走勢圖

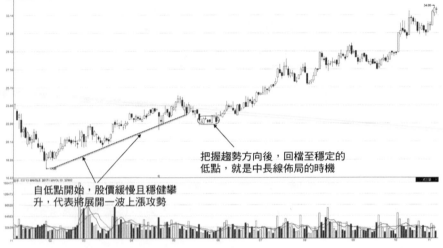

把握趨勢方向後，回檔至穩定的
低點，就是中長線佈局的時機

自低點開始，股價緩慢且穩健攀
升，代表將展開一波上漲攻勢

的盤整走勢，不宜做中長線佈局。相反地，股市明顯處在低位區或上升行情
初期時，才是佈局的好時機，此時買進的風險最小，而且獲利的機會最高。

9-3-2 利用趨勢線回檔後買進

　　當發現個股整體走勢呈現震盪攀升，而大盤也很穩健時，在個股短期回
檔時買進是較理想的作法，既可以避免短線進場被套，還能借助升勢的持續
而安心持股。

　　實施回檔時買進時，利用趨勢線做技術分析是不錯的選擇。趨勢線讓我
們清晰看到個股回檔時的支撐在何處，避免過早買進而減少波段獲利空間，
以及避免出手過晚而錯失回檔低點的買股時機。

　　如圖9-11，在濟川藥業2016年1月至11月的走勢圖中，自低位區開始，
股價緩慢震盪攀升。此時可以畫出一條平緩傾斜向上的趨勢線，既指明趨勢
運行的方向，也指出中線回檔買進的低點。

　　從圖中可以看到，一波回檔後，股價短期內跌破趨勢線，但此時股價走
勢明顯站穩，而且趨勢的整體方向沒有發生改變，個股也沒有出現明確的中
線反轉訊號。在累計漲幅不大、前期上升趨勢較明朗的情況下，短線回檔後

圖 9-12 ▶ 山鷹紙業 2016 年 9 月至 2017 年 4 月的走勢圖

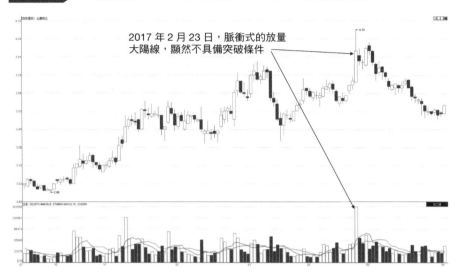

2017 年 2 月 23 日，脈衝式的放量
大陽線，顯然不具備突破條件

站穩的位置點，就是中線逢低買進的最佳時機。

9-3-3 慎防沒有足夠買盤推動的假突破

　　放量突破是常見的上攻行情，主力常利用投資人的思考習慣，在出貨時刻意製造突破跡象，吸引追漲買盤進場，讓自己逢高出貨。不過，既然是出貨，就一定會反映到盤面上。

　　首先，由於沒有足夠、連續的買盤推動，假突破只會是曇花一現。

　　從量能來看，非有效的突破往往伴隨主力的盤勢突擊放量操作。因此，投資人可以從分時圖或量價關係中發現蛛絲馬跡。

　　最後，非有效突破形態多出現在個股累計漲幅較大的位置，或在大盤持續下跌時，突破被極大擠壓，進場追漲的風險顯而易見。

　　圖9-12是山鷹紙業2016年9月至2017年4月的走勢圖，在寬幅震盪攀升的過程中，於2017年2月23日出現放量大陽線的突破形態。當天放量幅度過大，隨後幾個交易日中，量能突然大幅度縮減。從量價圖來看，這屬於脈衝式放量，再結合隨後幾天的縮量滯漲的情況，這是主力的提升出貨手法，個股的突破將無功而返。

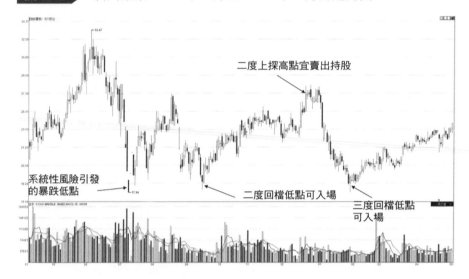

圖 9-13　濟川藥業 2015 年 4 月至 2016 年 5 月的走勢圖

9-3-4 大波段下形成的高點與低點

　　股市會出現大起大落，有些個股交易活絡，受到股市大波動影響，上下震盪幅度較大。此時，結合大盤走勢進行中線大波段買賣，是不錯的選擇。這樣既可以避免陷入短線追漲被套，又能適當加碼部位實現高額獲利。

　　如圖9-13，在濟川藥業2015年4月至2016年5月的走勢圖中，同期的大盤走勢非常不穩定，這與政策面引導、市場情緒敏感有關。在大起大落的過程中，創造中線低點佈局和高點獲利出場機會。

　　如圖9-13中的標注，2015年6月之後，由於去槓桿政策、股市前期漲速過快等多重因素，出現一波系統性暴跌，明顯是市場恐慌情緒反應過度的結果，短期的跌幅、跌速都非常驚人，引發一波強勢反彈，確立大級別波動下的低點與高點。

　　隨後大盤的走勢依然十分不穩定，但在操作個股時，依照前期出現的高點和低點，投資人比較容易把握市場極端情緒宣洩下的買進、賣出時機。這就是之前大波段下形成的高點與低點。

9-4

學會保本的加減碼技巧，
投資路才能走得長久

在股市中沒人能屢戰屢勝，每一筆成功的投資都得靠機率。想在股市長期生存並不斷賺錢，唯一的方法就是提高自己的勝率，並盡可能讓每筆成功交易得到較高獲利。

對於成功投資者來說，確保本金是最重要的，最好的方法是資金管理，具體來說，就是控制每筆交易投入的資金，做好合理分配並控制風險，以維持投資的實力。資金管理看似簡單，但很多投資人實際操作時，常常動用過高比例的資金，雖然很可能提高獲利，但也放大交易風險。接下來，將介紹幾種常見的資金管理方案，以保護你的本金。

9-4-1 學會保本，才能讓投資路走得長久

從長期來看，保守的交易作風更可取。塔偉爾斯（Richard J. Teweles）的《商品期貨遊戲》（*The Commodity Futures Game*），對資金管理有番精彩論述。他把保守的交易風格推崇為最終取勝之道，也就是說，甲交易者成功的把握較大，但其交易作風較為大膽，而乙交易者成功的把握較小，但他能堅持保守的交易原則。從長期看，實際上乙交易者取勝的機會可能比甲更大。

不同的人喜歡運用不同的技術分析方法，比方說，有些人擅長量價分析，有的人偏愛籌碼，有的人比較會解讀分時圖形態。技術分析千差萬別，如果長時間關注成功投資人，會發現他們雖然使用完全不同的分析方法，但不影響他們的獲利。這是為什麼呢？

為什麼很多人學習多種技術分析，也充分了解運用方法，卻仍然無法獲利，還經常因為股市暴漲暴跌而被套牢？其實原因很簡單，就是沒有一套良好的資金管理方案與投資策略。而且，將兩者做比較，資金管理方案更加重要。

仔細想想確實如此。股價未來走勢充滿不確定性，市場多空轉換也是瞬間出現，我們可能完成很多次成功的投資，但只要一次大手筆投資出錯，就可能損失慘重。沒有充足的本金當籌碼，技術能力再好也難做到無米之炊。

⏳ 9-4-2 系統與非系統性風險與持股部位

股市大盤指數的快速下跌，就是所謂的系統性風險，是一種每股普遍下跌的格局。

由於個股都跌，即使分散買進很多個股以規避個股利空因素，也無法抵擋系統性下跌帶來的風險。因此，這種風險不能透過投資組合來削弱，又稱作不可分散風險。

非系統性風險是一種與特定公司或行業相關的風險，通常由某個特殊因素引起。例如，企業管理問題、上市公司的勞資糾紛等等，與整個股市沒有系統性的關聯，只對個別或少數個股產生影響。由於非系統風險屬於個別風險，是由個人、個別企業或產業等可控制因素帶來的，所以可以透過投資組合來化解。如果投資分散充分且有效，甚至能完全消除這種風險。

了解系統性與非系統性風險之後，為中線交易方案設定目標，調度投資部位。當股市整體高估，出現系統性風險的機率較大，應控制部位，不宜投入過高比例的資金。相反地，當股市整體處於低估狀態，若股價站穩就可以適當增加部位，因為再度出現系統性風險的機率較低。

⏳ 9-4-3 金字塔加碼持股的技巧

金字塔加碼也稱作累進加碼技巧，當投資大方向判斷正確，第一筆小額交易就產生獲利，然後投資人可以在趨勢明朗的過程中逐步加碼。下面，以個股進入上升趨勢為例，說明累進加碼技巧的應用。

假設投資人在A點買進，剛好買在接近最低點的位置。隨後行情開始震

盪攀升，投資人認為這波升勢才剛起步，因此不急著賣出，又在次高點B點加碼。當行情漲至C點，投資人認為這不過是此波升勢的中間點，於是再次加碼擴大戰果，臨近頭部才賣出，獲利了結出場。

應用金字塔加碼技巧，必須注意以下3點：

（1）獲利時才加碼，因為獲利加碼為順勢而行、順水推舟。

（2）不能在同一個價位附近加碼。

（3）加碼只能一次比一次少，才能確保前面的獲利。如果加碼一次比一次多，很可能一次錯誤就失去之前的獲利，甚至出現虧損。

⌛ 9-4-4 倒金字塔減少持股技巧

倒金字塔減少持股與金字塔加碼的技巧正好完全相反，前者主要用在持股部位較大、個股或股市已處於高估狀態，且趨勢反轉機率加大的情形。下面，以個股進入升勢後半段或開啟跌勢為例，說明實際的應用手法。

假設投資人在A點減少持股，剛好賣在最高點或次高點。隨後行情再度震盪上揚、創出新高，投資人認為這輪升勢已接近頭部，又在次高點B點賣出持股。當行情反轉下跌至C點時，投資人認為這是此波跌勢的起始點，於是再次減少部位或出清持股。

應用倒金字塔減少持股技巧，必須注意以下2點：

（1）當股市或個股出現反轉訊號、市場估值較高時，才減少部位。

（2）減少部位時，應先賣出大部分股票，如2/3或1/2，再逐級降低比例，否則一旦行情急轉直下，還有一堆股票在手上，將會損失慘重。所以，首次減碼的分量要大，隨後一次比一次少，直至清空持股為止。這樣才可以鎖住之前上漲行情帶來的獲利。

國家圖書館出版品預行編目（CIP）資料

140 張圖學會分時 K 線短線暴賺：追漲強勢股×參與題材龍頭股×補漲股啟動時買入×短期大漲 30% 賣出／陳培樹著. -- 初版 -- 新北市：大樂文化有限公司, 2021.11
256面；17×23公分. --（Money；33）

ISBN 978-986-5564-56-8（平裝）
1. 股票投資　2. 投資技術　3. 投資分析
563.53   110016616

Money 033

140 張圖學會分時 K 線短線暴賺
追漲強勢股×參與題材龍頭股×補漲股啟動時買入×短期大漲 30% 賣出

作　　者／陳培樹
封面設計／蕭壽佳
內頁排版／思　思
責任編輯／李湘平
主　　編／皮海屏
發行專員／鄭羽希
財務經理／陳碧蘭
發行經理／高世權、呂和儒
總編輯、總經理／蔡連壽
出 版 者／大樂文化有限公司（優渥誌）
　　　　　地址：220 新北市板橋區文化路一段 268 號 18 樓之 1
　　　　　電話：（02）2258-3656
　　　　　傳真：（02）2258-3660
　　　　　詢問購書相關資訊請洽：2258-3656
　　　　　郵政劃撥帳號／50211045　戶名／大樂文化有限公司

香港發行／豐達出版發行有限公司
地址：香港柴灣永泰道 70 號柴灣工業城 2 期 1805 室
電話：852-2172 6513　傳真：852-2172 4355

法律顧問／第一國際法律事務所余淑杏律師
印　　刷／韋懋實業有限公司

出版日期／2021 年 11 月 30 日
定　　價／350 元（缺頁或損毀的書，請寄回更換）
I S B N　978-986-5564-56-8